我们生活在同一个地球
We all live on the same planet
外交官带你看世界

阿根廷旅游指南

ARGENTINA

激情探戈

外交官带你看世界

# 阿根廷

何承伟
丛书总策划
张沙鹰 著

上海故事会文化传媒有限公司
上 海 锦 绣 文 章 出 版 社

## 跟着外交官到地球别处去看看

我在上海曾遇到一对老人,他们俩一退休,就去欧洲旅游了85天。

出于好奇,我问他们:"难道你们在中国都游遍了?"

他们说:"没有。我们是先游远的,后游近的。"

我又问:"你们俩不懂英语,没有出过国,又不靠旅行社,是什么力量支撑你们去周游世界的呢?"

老人意味深长地说:"人都怕死,但更怕没有目标。年轻时有年轻时的目标,今天有今天的目标。"

"那你们今天的目标是什么?"

"今天,我们就盼望着到地球的别处去看看。"

听了这对老人的话,我才感悟到:"富起来的中国人,盼望着到地球的别处去看看。"——这就是世界旅游业普遍感到"寒气逼人"时,中国出境游市场仍处于上升通道,保持两位数增幅的原因。

这对我一个出版工作者来说,不仅是个服务的机会,更是一个发展事业的机会。

所幸的是,一次去北京出差,我遇到了一大批前外交官。他们不仅熟悉如今中国人的需求,同时也了解曾经工作过的国家的情况。他们在岗位上时,是

中国人民与所在国人民的友谊使者，今天，他们是否可以把自己多年的积累和感受，浓缩在一本10万字不到的图书之中，通过这本书，介绍这个国家的历史文化，风土人情，旅游资源，从而架起一座国与国之间的友好桥梁，让中国的读者走近这个国家？

于是，一套富有创意的系列图书诞生了：《我们生活在同一个地球——外交官带你看世界》。

在这套图书出版的过程中，我们还得到了有关国家的驻华大使馆、旅游机构人员的大力支持，他们不仅提供了不少独特的内容信息，还筛选了不少精美的图片，提供给这套丛书使用，使《我们生活在同一个地球——外交官带你看世界》成为图文结合、立体展示该国旅游资源的图书。

《我们生活在同一个地球——外交官带你看世界》至今已陆续出版约50种，今后力争做到凡是中国人出境游所涉及的国家都能出版一本。同时，为了使我们的成果具有持续性，我们每年都会对这套书进行修订，提供最新的文化信息和实用信息。

整套丛书投放市场已有两年，最令人感到欣慰的是，不少读者已慢慢产生一种概念：要出境旅游，就要找一本《我们生活在同一个地球——外交官带你看世界》陪伴着自己。

丛书总策划

# 致辞

对于任何一位想要访问阿根廷的人来说，张大使的书都是了解我国现实的绝好指南。

用一种平实而直接的语言撰文本身就方便读者去了解这个距离中华人民共和国如此遥远的国家并为之赞美。

张大使曾是贵国在阿根廷杰出的外交代表，而本书则展现出他对阿根廷，特别是布宜诺斯艾利斯市主要旅游景点的趣味、风景以及文化均熟谙深领。

毫无疑问，作者善于撷取我国最佳的地理空间、烹饪、娱乐，发掘我国的文化内涵，并精准地描绘出这个距中国虽然遥远，但人民友好、亲善、好客，视外国若比邻的国家的精神。

总而言之，这是一部初始了解阿根廷不可不读的书。

2010年2月于北京

阿根廷共和国驻华大使
塞萨尔·费尔南多·马约拉尔

## 我的阿根廷情缘

我同阿根廷已经是35年的老朋友了。

打开相册，几张有些泛黄的黑白照片记录了1974年“文革”时期我随武汉杂技团访问拉美首次来到阿根廷的场景。那时正值庇隆将军第二次执政，杂技团破例为他在奥利沃总统官邸做专场演出，大家有幸在车库内临时搭的舞台上与他合影留念。那次访问演出我们除布宜诺斯艾利斯外，还去了阿西北部的门多萨、圣胡安和中部的巴亚布兰卡三座城市，既领略了首都“南美巴黎”的大都市风采，又一睹了安第斯山麓和南大西洋沿海的风景。当然，给我印象最深的是阿根廷的富足和人民的热情友好。

改革开放伊始，1978年我随中央歌舞团再次赴阿，为谷建芬、资华筠等著名艺术家服务。他们如饥似渴地了解阿根廷的文化艺术，也激发了我对这个国家的兴趣，在谷建芬老师的催促下为几首阿根廷流行歌曲译词。

1985年我随国家领导人又一次访阿。因为是正式访问，身系工作来去匆匆，不及看更多的东西，不过能亲历两国关系的接近和发展仍深感荣耀。

2000年底我受命出使阿根廷，在那里常驻工作两年。这才有机会就近更多地观察和了解这个南美洲的重要国家，结识更多的阿根廷朋友。其间我有幸迎来了江泽民主席和李鹏委员长两次高端访问，见证了中阿友好合作关系的飞速发展；正巧经历了2001年那场全面的经济和社会危机，和阿根廷人民一道度过那段艰难的日子，强烈地感受到他们对未来前景的憧憬和期许。两年后，我在那里结束外交生涯。在告别招待会上我赋诗一首：“策马还乡别银

川(拉普拉塔河是银河的意思),常念探戈舞正酣。羊咩五洲盼祥和(当年是羊年),中阿友好续华篇。”在阿根廷的宝贵经历让我终生难忘,与阿根廷的深厚情缘令我倍感珍惜。

阿根廷是个美丽富饶的国家,它得天独厚,备受大自然的恩宠,形容它是“聚宝盆中的国家”绝非夸张。昔日的辉煌为它带来初步繁荣和小康福祉,丰富的自然资源和良好的人才素质又为它积蓄了巨大的发展潜力。

阿根廷是个有着光荣历史的国家,以南美洲解放者圣马丁将军为代表的独立先驱们浴血奋战赢得了国家的自由解放,铸造了阿根廷人民热爱自由、追求民主正义的崇高民族精神,鼓舞着阿根廷人民为民族复兴和社会进步不懈斗争。

阿根廷是个和平友好的国家,它长期坚持睦邻友好的对外政策,积极推进拉美一体化进程,作为G20集团的重要成员,在应对世界金融危机,改革不合理的国际经济秩序和国际关系民主化的斗争中发挥着有力作用。

中阿建交38年来两国友好合作不断发展,2004年两国元首互访,双方建立的战略伙伴关系进入全面发展的阶段。阿根廷参展2010年上海世博会,将为两国人民进一步增强了解和友好往来搭建又一座闪亮的平台。

一眨眼离开阿根廷已经7年多了。每有余暇,我还经常会放一段阿根廷探戈乐曲自我陶醉一番。那熟悉的旋律、悦耳的音乐,总让我神往地球那边既遥远又亲近的国家,回忆起那么多令人魂牵梦绕的场景,怀念起那么多相知相交的好朋友。我愿借这微薄的纸页,倾诉我对阿根廷的情怀,寄语对这个友好国家美好未来的祝愿。

目录

目录

## 3 各地览胜



## 4 人文风俗

附录

# 旅游贴士

# 阿根廷概况
# General Description of Argentina

| | |
|---|---|
| 国名 | 阿根廷共和国 (Republic of Argentina), 简称阿根廷 |
| 国旗 |  |
| 国徽 |  |
| 国土面积 | 2780400平方公里(不含马尔维纳斯群岛) |
| 人口 | 3626万 (截至2001年) |
| 人种 | 白种人占97%，多属意大利和西班牙后裔 |
| 语言 | 官方语言为西班牙语 |
| 首都 | 布宜诺斯艾利斯 |
| 国庆节 | 5月25日 |
| 独立日 | 7月9日 |
| 国歌 | 《祖国进行曲》 |
| 国花 | 赛波花 |
| 国鸟 | 棕灶鸟 |
| 宗教 | 87%的人信奉天主教 |
| 气候 | 北部属热带气候，中部属亚热带气候，南部为温带气候  |

| | |
|---|---|
| 货币 | 比索 |
| 国际域名缩写 | .ar |
| 国际电话区号 | 54 |
| 时区 | UTC/GMT-3 |
| 道路行驶方向 | 左舵靠右行驶 |
| 电源 | AC 220 V/50 HZ |

全国划分为24个行政单位，由22个省、1个地区（火地岛行政区）和联邦首都（布宜诺斯艾利斯）组成。各省名称如下：布宜诺斯艾利斯、圣菲、科尔多瓦、门多萨、图库曼、恩特雷里奥斯、查科、科连特斯、萨尔塔、圣地亚哥德埃斯特罗、米西奥内斯、圣胡安、胡胡伊、里奥内格罗、福莫萨、丘布特、圣路易斯、内乌肯、拉潘帕、卡塔马卡、拉里奥哈和圣克鲁斯。

主要旅游城市及景点：首都布宜诺斯艾利斯、拉普拉塔、塔兰帕亚、乌斯怀亚、巴里洛切风景区、伊瓜苏大瀑布、莫雷诺冰川等。

CXVI * EGO VICI MUNDUM

1

*We all live on the same planet*

# 国情概况

# 你该知道的阿根廷

巍峨的安第斯山脉

## 阿根廷的世界之最

你要是到南美洲旅游，一定不能错过阿根廷。阿根廷是南美洲的大国，人们都说要了解南美洲，得先知道ABC，就是指阿根廷、巴西和智利。要知道阿根廷些什么？我们不妨列举一下它的世界之最，好有一个初步印象。

从地理上讲，阿根廷地处南美大陆的南锥，是全球距南极大陆最近的国家，仅有960公里之遥。乌斯怀亚港是世界最南端的城市，火地岛是人称“天涯”所在。1904年阿在南极建立气象观测站，成为世界首个南极固定科考站。至今阿在南极保持12个科考站，数量最多。

从地貌上讲，从布宜诺斯艾利斯登船，行驶不久就能看到不见边际的一片汪洋，颜色泛黄，涨潮时水味微咸。是河是海？让人顿感困惑。要知道，1516年西班牙冒险者就错把这里误认

帅气的牧民

7月9日大道

为大西洋通往太平洋的海峡，直到12年后另一支西班牙远征船队发现水是淡水，才揭晓这海般宽阔的河口之谜。这就是世界最宽的拉普拉塔河口，最大宽度竟有220公里。面积达300万平方公里的拉普拉塔河流域，也是世界上最大的水系之一。

你一定对著名的潘帕斯大平原早有耳闻，这可是世界上最优质的农牧产区，是世界的“粮仓和肉库”，多种农牧产品出口居世界之首。由于条件得天独厚，阿根廷还是世界农业生产成本最低的国家。这里还是高乔人的故乡和蜚声全球的探戈舞的摇篮。

首都布宜诺斯艾利斯市内的里瓦

Tips

**地理位置**

阿根廷国土面积2780400平方公里（不含马尔维纳斯群岛。资料来源：阿根廷国家统计和普查局），为拉美第二大国，仅次于巴西。位于南美洲东南部、东濒大西洋，南与南极洲隔海相望，西同智利接壤，北界玻利维亚、巴拉圭，东北部与巴西和乌拉圭为邻。南北长约3800公里，分布在南纬22°到55°之间；东西最宽处1500公里。陆上边界线长25728公里，海岸线长4725公里。

潘帕斯草原

阿根廷旅游景点示意图(吴蓉蓉绘)

达维亚大道全长37公里，是世界最长的街道；“7月9日大道”宽达140米，号称世界最宽的街道。

## 距中国最远的国家

从地理位置上讲，阿根廷正好是中国在地球上的对跖点。如果能从中国打个地道穿过地心（约6300公里长），地球另一端的出口就是阿根廷。布宜诺斯艾利斯距北京的直线飞行距离达到22445公里。无疑，阿根廷是距中国最远的国家。

还要顺便告诉你，因为地处南半球，这里的季节正好同国内相反，准备旅行服装可不要搞错啊！

# 到底有银还是无银?

广阔的拉普拉塔河口

## 国名的由来

阿根廷在拉丁文中是白银的意思。除国名外，在阿根廷有许多地名，如拉普拉塔河、拉普拉塔市、马德普拉塔市……也都以白银冠名（拉普拉塔一词也是白银的意思）。阿根廷怎么会同白银结缘，那里是否真的满地白银？这倒要从西班牙人的一个历史误会说起。

1516年，继哥伦布发现新大陆之后，为找到大西洋通往太平洋的航道，西班牙航海家索利斯率船队驶入宽若大海的河口，却被当地土著人杀死，这是西方人首次来到这里。12年后，西班牙远征船队击水重来，由于从当地印第安人那里掠夺的财物中，尤以银器为多，这些贪婪的殖民者深信来到了传说中的“银山”。西班牙王室自然如获至宝，开始更疯狂地掠夺这里的物产资源。那条茫茫一派的大河，被醉眼迷蒙的西班牙人冠以拉普拉塔即银河之名，他们一定期待着从此金银会像浩瀚的河水哗哗地淌来。直到1602年一位随远征军布道的西班牙教士巴尔科，在他题名《白银与征服银河》的诗集中首次用拉丁文argentina(白银)一词泛指这片富饶且未开垦的处女地，阿根廷由此得名。

## 双手铸起银山

"白银之国"无白银，历史最终对西班牙殖民者开了个玩笑。他们抢的珠宝饰物原来出自秘鲁和玻利维亚，在阿根廷并没有挖到梦寐以求的"银山"。不过这片丰腴的土地和丰沛的水利灌溉，造就了天然的良田和牧场，还是为宗主国创造了源源不断的财富。

1816年7月9日，当这片土地的主人宣布独立时，他们接受了殖民者用过的名称。对满怀雄心的阿根廷人民来说，"银国"正是国家富裕和丰足的美好寓意。

他们以艰苦开发和精耕细作，把这片无银的土地变成了世界驰名的"粮仓和肉库"，而且随着勘探的深入，真找到了相当规模的银矿资源。阿根廷人用自己的

草原上牛羊成群

双手铸起了一座令人仰慕的“银山”，创造了财富，繁荣了国家。

在阿根廷，我还学到一个词典中查不到的词汇——Argentilisimo，它当然来自阿根廷的国名，应该是“阿根廷的”这个形容词的最高级形式。这是一个表达阿根廷人对祖国热爱的极致用词，我想同我们歌中咏唱的“大中华”含义相似。它是阿根廷人的独创，充满自我激励，彰显的是对国家繁荣富强的殷切期待和强烈愿望。

Tips

**国旗**

呈长方形，长与宽之比约为5：3。自上而下由浅蓝、白、浅蓝三个平行相等的横长方形组成，白色长方形中间是一轮“五月的太阳”。太阳酷似一张人脸，沿太阳圆周等距离分布着32根弯直相间的光芒线。浅蓝色象征正义，白色象征信念、纯洁、正直和高尚，“五月的太阳”象征自由和黎明。每年6月20日为国旗日。

## 聚宝盆中的国家

### 丰饶的土地

聚宝盆在西班牙文中直译是：丰饶之角，估计出处来自罗马神话。它的图形是一个倒放的牛角，其中盛着山川沃野、五谷果蔬，在拉美一些国家的国徽中就有它的模样。阿根廷邻国的人常颇有妒意地埋怨上帝不公，竟把一个应有尽有的聚宝盆赐予阿根廷，让阿根廷人从此衣食无忧。

阿根廷是南美洲的第二大国。面积有278万平方公里，南北长约3800公里，东西宽约1500公里，足有5个法国那么大。可人口仅有3600多万，是法国人口的70%左右。

阿根廷地处南半球南部，四季分明，气候温和。除南部靠近寒带外，大部分地区位于温带和亚热带。富庶的潘帕斯平原风调雨顺，土质肥沃，为农牧业发展提供了再优越不过的自然条件，是蜚声全球的良田和牧场。从布宜诺斯艾利斯附近汇入大西洋的拉普拉塔河是南美洲的第二大河，自最长的支流巴拉那河源头起算，长达4700公里，流域水利资源十分丰富，予人舟楫和灌溉之利。

阿根廷国土面积的一半以上为森林覆盖，森林面积约127.3万平方公里。北有茂密的热带雨林，南有参天的千年古木，营造出绝佳的生态环境，提供了丰富的林业资源。

阿根廷沐浴在南大西洋之中，海岸线长近5000公里，大陆架面积达100万平方公里。阿附近的广阔海域是当今世界最后一片待开发的渔场，丰富的海产资源令人垂涎。

葱茏的山岭

阿根廷的山地面积占国土的30%左右。西部自北向南纵贯着安第斯山脉，与智利接壤的阿空加瓜峰高达6959米，人称西半球最高的山峰。阿国土上蕴藏着丰富的矿产资源，世界的矿产资源排行榜中，阿根廷名列第六。这些年来，阿根廷的工业和农业现代化有较大发展，成为南美洲仅次于巴西的第二大经济实体。

## 勤劳创造财富

一个国土资源和自然资源的大国，居民只相当一个中等人口国家，那里人们的富裕程度、人居的舒适度以及人力发展指数的排名就可想而知了。人们有理由羡慕阿根廷人的得天独厚，却同样有理由钦佩阿根廷人的辛勤创业。两三百年前，甚至连今天最富足的潘帕斯平原都是蛮荒一片，流沙处处，野马游荡，瘟疫流行。正是阿根廷的高乔人、印第安土著人和大量的欧洲移民一道，把荒野开垦成世界的"粮仓和肉库"，取得了上百年的发展和繁荣，使阿根廷人永世受用。公平地说，阿根廷这个聚宝盆中的国家，一半自然天成，一半人工打造，因此它更加弥足珍贵。

绿色原野

Tips

**国歌**

阿根廷的国歌《祖国进行曲》，是拉丁美洲的第一首国歌。1813年5月11日，阿根廷国会通过决议确定由比森特·洛佩斯·伊普兰内斯作词、布拉斯·帕雷拉普谱曲的《祖国进行曲》为阿根廷国歌。

# "粮仓和肉库"

## 广袤的潘帕斯平原

说到阿根廷，一定要记住潘帕斯这个名字。潘帕斯就是阿根廷，这样说也绝非夸张。

阿根廷的潘帕斯大平原是世界闻名的沃野良田。记得在使馆工作时，有些年轻朋友曾在周末驱车百里阡陌，好奇地站在汽车顶上想要看到连绵不断的农田和牧场的尽头，结果当然是无功而返。后来我曾数次乘小飞机掠过平原上空，飞行良久仍然是一片葱绿和金黄，无边无际。

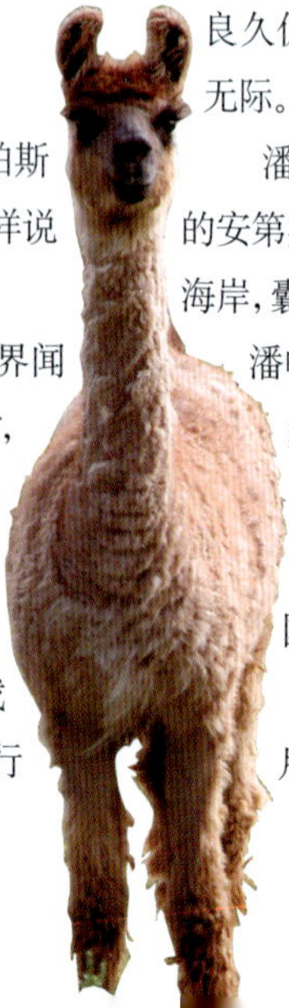

潘帕斯大平原从纵贯南美大陆的安第斯山麓一直延伸到阿根廷中部海岸，囊括了布宜诺斯艾利斯省和拉潘帕省全部，以及圣路易斯、科尔多瓦和圣塔菲三省的一部分。面积近70万平方公里，约占全国面积的1/4，比欧洲第二大国法国还要大。

从阿根廷地图上看到这片绿色，四分之三为温润的农

南美洲特有的动物羊驼

田和牧场，四分之一为较干旱的草原、草场。由于气候温和、降雨充沛，加上地势平坦广阔，确实是寸土寸金，堪称全球条件最优越的农牧地区之一。土地富余，就实行农牧轮作和农田休耕，更让土地肥力倍增。阿根廷的粮食及肉类生产和出口在世界经济生活中占有举足轻重的地位，潘帕斯平原的收成好坏会直接影响到世界粮食价格的涨跌。该地区集中了全国70%的人口，80%的农牧业和85%的工业，是全国政治、经济和文化中心，在阿根廷的国民经济和国家生活中起着核心作用。

一望无际的潘帕斯草原

## 高乔人的故乡

潘帕斯平原还是高乔人的故乡，这里保存着阿根廷农村地区丰富的民俗风情和共和国历史、文化的光辉印记。几百年前阿根廷的印第安土著居民曾在这里栖息。西班牙殖民者入侵后，高乔人曾在这里游牧繁衍。独立斗争的英雄们在这里打响了抗击殖民统治的第一枪，高扬着第一面国旗，演绎出轰轰烈烈的战争史诗，赢得了阿根廷的独立。在这片土地上，阿根廷人民经过百多年的努力，把祖国建设成世界的农业大国和现代化的工业国家。阿根廷的每一分成功，无不植根于这广袤的潘帕斯平原，无不泽润于这里一代代阿根廷人血汗的浇灌。人们乐于将大地比作母亲，对阿根廷人来说，潘帕斯平原的千里沃野就是他们母亲最宽广、最温暖的胸怀。

潘帕斯原意是“没有树的土地”，这应该是几百年前当地面貌的真实写照。按照阿根廷民族史诗《马丁·菲耶罗》所述，未开垦的潘帕斯是荒凉贫

高乔人

瘠的不毛之地，只有硕大的翁布树孤独地伫立在荒原之上。如今历尽沧桑面貌巨变，人类发掘自然，自然回报人类。人和自然的和谐在潘帕斯开发过程中得以完美实现。

Tips

**地形地势**

地势由西向东逐渐低平。西部是以绵延起伏、巍峨壮丽安第斯山为主体的山地，约占全国面积的30%；东部和中部的潘帕斯草原是著名的农牧区；北部主要是格兰查科平原，多沼泽、森林；南部是巴塔哥尼亚高原。主要山脉有奥霍斯·德萨拉多山、梅希卡纳山。海拔6964米的阿空加瓜山，为南美洲万峰之冠。巴拉那河全长4700公里，为南美第二大河。主要湖泊有奇基塔湖、阿根廷湖和别德马湖。

## 南美洲的解放者

### 永远的国父

在阿根廷提起圣马丁将军，那是无人不知无人不晓。他是阿根廷人心目中不朽的英雄，永远的国父。阿根廷无数的广场、街道，甚至城市以他的名字命名。圣马丁与委内瑞拉的玻利瓦尔齐名，是南美洲的伟大解放者之一。布宜诺斯艾利斯市中心的圣马丁广场和点燃长明灯放置其遗骨的布市大教堂，成为国内外来客缅怀这位独立先驱的圣地。

圣马丁将军的一生可以说是充满传奇，功勋卓著。他于1778年2月在阿北部边境的亚佩尤小镇出生，其父为西班牙职业军人。6岁时随父母返西班牙，在马德里贵族学校学习。入伍后在西班牙军队服役20年，曾与摩尔人、英国人和葡萄牙

圣马丁

人作战。因战功突出，被晋升为中校，龙骑兵司令。

1810年阿根廷五月革命爆发，拉开了阿根廷人民争取独立斗争的序幕。圣马丁参加独立运动“美洲大会”西班牙分会的活动，并于1812年结友毅然返回动荡、混乱、正处在十字路口的阿根廷。他同相知的青年军官结成秘密组织，宣誓为美洲的独立和实现自由民选政府而斗争。他组建了掷弹兵部队，于1816年指挥义军连续取得圣罗伦索和贝苏埃拉战役的胜利，平定了保王党军队并避免了内战。这一年7月9日阿根廷宣布独立。

## 传奇英雄

为了彻底摧毁西班牙在南美的殖民统治，圣马丁指挥实施了南美独立战争史中最壮烈的穿越安第斯山行动。1817年他以超人的军事天才和非凡的组织能力率领阿、智联军飞越海拔4500~5000米的安第斯山口，在宽300公里，纵深800公里的高山深谷中展开奔袭行动，创造了世界军事史上的奇迹。圣马丁本人行军中倍受疾病折磨，躺在担架上指挥作战。这次历史性的进军，反映了南美人民争取自由独立的钢铁意志，也展现了圣马丁将军南美解放者的耀人风采。

1818年圣马丁发表智利独立宣言并指挥迈普战役大捷，终结了智利独立战争。1820年他率领舰队驶入秘鲁海岸，直捣西班牙在南美殖民统治的老巢利马，并于次年7月28日宣告秘鲁独立，圣马丁出任护国公一职。后由于缺乏国内支持，与另一位南美的解放者玻利瓦尔发生分歧，为了南美独立斗争的大局，圣马丁主动退让，于1822年辞去护国公职位，悻悻返回祖国。又遭家庭变故，妻子离他而去，上层社会将他拒之门外。两年后，孤单无奈之下，他悄然离开为之英勇奋斗的祖国，携女儿先后在布鲁塞尔和巴黎居住，1850年8月病故于法国海滨小城布格涅。

远离故土的圣马丁临终前深切表达了让遗骸在祖国长眠的遗愿。圣马丁死后，智利和秘鲁都给予这位解放者崇

圣马丁棺木

安放圣马丁遗骨的大教堂

高的荣誉，人们评说“圣马丁的名字再次响遍与他化为一体的美洲每个角落，是他把所有美洲国家的名字汇成一个”。唯独在英雄的祖国，圣马丁死后仍受到冷遇。只是在30年之后，将军的遗骨才尊严地回到祖国受到隆重的安葬。

圣马丁将军悲壮传奇的一生就是阿根廷人民争取独立斗争的辉煌历史，他和战友们为祖国和南美洲解放立下的丰功伟绩将彪炳千秋。

Tips

**国徽**

国徽中部有一根被双手紧握的直立的“自由之竿”，竿顶有一顶红色的“自由之帽”。这一竿一帽，来源于法国大革命，象征独立和自由。南美洲许多国家国徽上都有这两种图案，是19世纪拉丁美洲解放战争中爱国者的标志。紧握的双手显示阿根廷的统一和团结。月桂花环象征胜利。国徽顶端“五月的太阳”代表自由、黎明和解放。

教堂内景

# 高乔精神常在

## 阿根廷的民族精神

在阿根廷，高乔这个词是个响亮的称谓。阿根廷人无不为他们高乔祖先而感到骄傲，为自己是高乔的传人备觉荣光，正像中国人以龙的传人自居那样。在阿根廷重大民族节日和一年一度的全国农牧展上，总会看到穿着民

族盛装、身跨高头大马的高乔骑士们列队鱼贯而过。他们外套传统的“蓬裘”披风，腰系镶满银饰的皮带，足蹬配有马刺的长靴，一副英俊潇洒的“南美牛仔”形象，令人眼前一亮。

高乔（Gaucho）一词到底是什么意思呢？一种说法是当地印第安土著语言中流浪汉之意，另一种说法是土语中孤儿、弃子之意。当时，西班牙殖民者远征拉普拉塔河流域，广袤却荒芜的潘帕斯大地正待人开垦创业。一些被社会遗弃的白人，无地无业，浪迹四野，猎取野马野兽为生。他们与印第安土著妇女结合，生出混血后裔，代代繁衍生息，成为开垦荒原的重要苦力。每个高乔汉子都能奔善骑，狩猎和搏斗功夫高强。在众多马帮自安第斯矿区向港口运送矿石的漫长路途上，他们承担着赶马人的重任。他们经常背井离乡，四海为家。严酷的流浪

生涯养成了高乔人吃苦耐劳、桀骜不驯的鲜明性格，培养了他们崇尚自然、酷爱自由、勤劳勇敢和敢于为公平正义而抗争的独特精神。

如今，高乔人的精神、气质和文化早已融入阿根廷人的骨血之中，甚至连驰名世界的阿根廷烤肉、红酒，乃至豪饮马黛茶的饮食习俗，无不彰显高乔人的遗风。在阿根廷人世代传承和发扬光大中，高乔精神已成为阿根廷民族精神的同位语，得到世界人民的认同。说到高乔人，就等于说到阿根廷人。

## 叙事长诗《马丁·菲耶罗》

要了解高乔人的历史,《马丁·菲耶罗》这部阿根廷著名的叙事长诗是必读之书。长诗分成《高乔人马丁·菲耶罗》和续篇《马丁·菲耶罗的归来》两部,由阿根廷著名诗人埃尔南德斯于1872年和1879年分别写成。它开创了拉美民族文学创作的先河,成为高乔精神的代表作广为后人传颂。

埃尔南德斯对高乔人的苦难生活十分了解,他按照民间独特的即兴说唱(即巴雅多尔)的本色形式,让主人公自叙自唱娓娓道来。诗文多为小段短句,简明生动,有腔有韵,琅琅上口。全诗共46章,7210行,叙述了高乔主人公马丁一家的悲惨经历,鞭挞了社会对高乔人的不公和世态炎凉,阐明了高乔人的为人之道和生活哲理,抒发了高乔人对美好生活的向往和期许。

值得肯定的是,作品以一种去英雄化的手法,把一个有着理想和追求,却曾经屈辱求生犯下过失的高乔汉子有血有

高乔人的马具

国鸟棕灶鸟

肉的形象，真实地展现在人们面前。使读者信偶像之可信，感主人公之亲切，赋予《马丁·菲耶罗》这部不朽巨著以更强的感召力和生命力。

今天，高乔人原有的生产和生活环境早已变化，原来意义上的高乔人也不复存在。阿根廷人将埃尔南德斯的忌日11月10日作为全国的“传统日”，体现了他们对高乔精神的民族认同。

Tips

**国花**

在西班牙殖民统治时期，拉普拉塔地区的印第安人不断奋起反抗。传说在一次战斗中，一位印第安部落首长不幸阵亡，他的女儿阿娜依挺身而出，指挥战斗，与西班牙殖民者浴血死战，最后她也被俘。西班牙殖民者将阿娜依绑在一棵赛波树上，阿娜依在熊熊的大火中慷慨就义。此时，花期未到的树上突然盛开出满枝累串的、如火如血的红花。1942年，阿根廷通过一项法令，正式确定赛波花为阿根廷的国花。

# 南美的“欧洲之国”

## 与欧洲素有渊源

来到阿根廷就像到了一个欧洲国家，这里城市的建筑风格和街区格局，是一色的欧洲模式，只是天地更为广阔，人们更为自由开朗。与其他拉美国家十分不同的是，这里的居民绝大多数是白人，只是在安第斯山麓和东北部沿河区还生活着少数印第安土著居民。

在布宜诺斯艾利斯的大街小巷、广场公园走一走，到遍布全城的博物馆和探戈剧场看一看，到满城飘香的咖啡馆和酒吧间坐一坐，马上会从中嗅到浓厚的欧洲气息，触摸到欧洲文化和艺术的脉动。同邂逅的普通市民接触一下，就好像见到了意大利或西班牙人的影子，只是多了几分孤傲和狡黠。你来到阿根廷当地，相信更能体会到“阿根廷像南美的欧洲之国，布宜诺斯艾利斯像南美的巴黎”这句评语的道理。

不同种族的人和谐相处

## 移民的国家

阿根廷的居民主要是两种白人的后裔，一种是西班牙殖民时期克里奥略人(即土生白人)的后代，另一种是19世纪后期及20世纪两次世界大战前后，从萧条动荡的欧洲前往新大陆淘金或躲避战乱的欧洲移民之后。富裕且空间广阔的阿根廷，像当年美国一样，吸引了大批欧洲移民来迁。据统计，这几次移民潮中约有1000万欧洲人，主要是意大利人和西班牙人移居阿根廷。欧洲移民以其资金、技术，特别是人才优势，为新大陆政治、经济和文化的发展带来了巨大的活力，也对阿根廷人的社会思想和生活方式带来了重要影响。

因为西班牙语流传时间更长，遂成为阿的国语。不过阿根廷人的西班牙语，听起来抑扬顿挫十分明显，人称唱着说的西语。我想这八成是意大利后裔对西班牙语的演绎吧。

"剪不断，理还乱"，近300年的西班牙殖民统治打开了阿根廷通往欧洲的大门；法国资产阶级革命和欧洲的启蒙思想又为阿根廷的独立和解放做了思想和组织上的准备；三次欧洲移民大潮使上升中的年轻共和国如虎添翼。阿根廷与欧洲的紧密联系可以说是素有渊源，历史成就。

西班牙俱乐部

Tips

**最佳旅游时间**

阿根廷一年四季都适合旅游，海滩一般在夏季(12月–3月)游人最多。北部属热带气候，中部属亚热带气候，南部为温带气候。

# 永恒的探戈

## 源自民间的艺术

提起阿根廷，自然会联想到探戈。只有在阿根廷土地上，你才会看到地道的探戈。探戈能让人痴迷忘情，直到今天，闲暇时听一曲探戈仍是我不疲的爱好和享受。

探戈艺术诞生于拉普拉塔河流域，布宜诺斯艾利斯是它的摇篮。19世纪末，大批南欧移民来到阿根廷，当地的高乔人也告别游牧生活涌入城市。夜幕降临，壮工、水手集聚在码头边贫民区的酒肆、妓寮中，赛歌竞舞，寻欢作乐。久而久之，一种出自贫贱的民间艺术——探戈从正在兴起的城市里诞生。它受到意大利和西班牙等南欧国家歌舞形式的影响，又吸收了阿根廷高乔人和巴西黑人的歌舞元素，形成了独特的艺术风格。

传到欧洲之后，又经过那里的艺术感染和熏陶。20世纪20年代探戈回归故里，在阿根廷艺术家多年的呵护和培育下，探戈艺术终于出落成既保留原生豪情，又尽显浪漫高雅的世界艺术奇葩。

## 不只是一种舞蹈

你或许未必知道，探戈不只是一种舞蹈，它是一种综合的歌舞表演艺术。探戈 (tango) 原意为非洲黑人伴舞的皮鼓，实际上今天的探戈除了强烈的节奏外与鼓已几无关联。全套的探戈表演看下来，你会发现，探戈是一种以歌为魂，以舞为形，

以乐为境，穿插吟诵的综合艺术。

探戈歌唱时而高亢激越，时而如诉如泣，歌曲内容或愤世嫉俗，或哀怨乡愁和失恋。像《我亲爱的布宜诺斯艾利斯》和《小路》等经典探戈歌曲，真是一唱百和，世代传唱。不过对不懂西班牙语的游客，歌唱部分似稍嫌单调，我想这可能像外国人听京剧唱段一样，不足为怪。

探戈舞蹈无疑是夺人眼球的亮点。男女舞者身着优雅紧致的舞衣，以一连串的交叉、踢腿、旋转、跳跃令人目不暇接，叹为观止，从舞中能看到桀骜剽悍的高乔人身影，也能领略到南欧人典雅浪漫的风情。仔细品来，随着拖曳的乐曲，从舞中能察觉些许凄怨愁情；在炽烈的节奏中，舞者肢体交箍缠绵悱恻又彰显着放浪的形骸。

探戈音乐节奏明快，强烈的切分运用是其鲜明的特点。1910年德式按钮手风琴、钢琴、低音提琴的加入，增强了原由吉他、小提琴和笛子组成乐队的音响效果，扩大了音域。乐队中不乏知名的演奏大师，他们各显神通的表演，为演出增色不少。

## 无所不在的探戈

探戈之于阿根廷就像京剧之于中国，到阿根廷没看场探戈表演，那可是一辈子的遗憾。布宜诺斯艾利斯集中了数十家风格迥异的探戈剧场，看探戈是旅阿必不可少的文艺节目。剧场中最有名的是位于老城区圣特尔莫的“老店”，它利用古旧建筑再现探戈的昔日风情，其它如“探戈先生”、“卡萨布兰卡”、“卡尔德尔之角”、“窗口”等，均为游客最常光顾之处。

平日在城市步行街和广场，常会碰到卖艺者即兴表演探戈舞。周末街心花园内，探戈“票友”们切磋舞步招式忘情

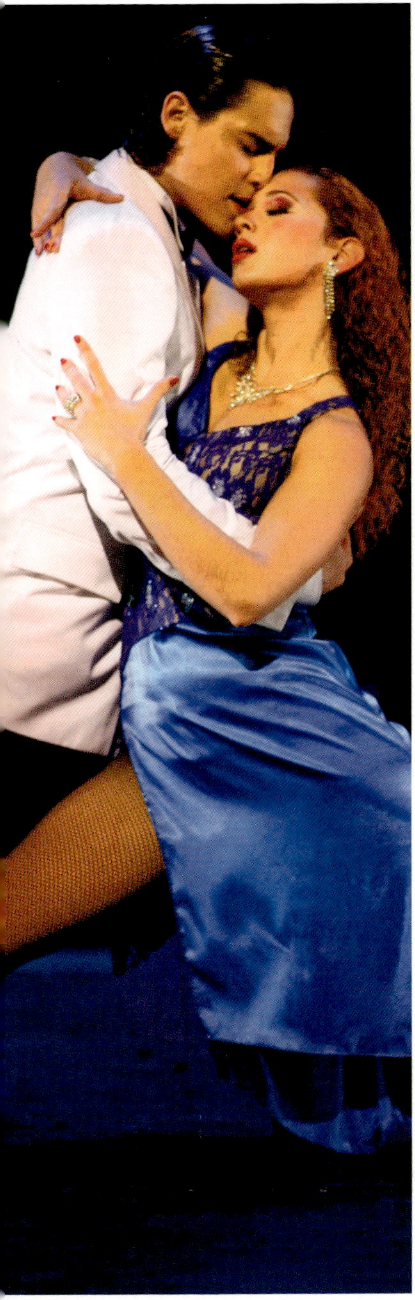

其中。全国探戈舞校、舞班遍布，电视、电台专设探戈节目，首都组建百人探戈乐队创下世界之最。全国“探戈日”这天，各种名目的探戈比赛竞相出台，大家都像过节一样。阿根廷艺术家不断出国访演，把探戈艺术传播四海。探戈艺术已成为阿根廷的国粹，融化在人民的血液中，探戈就是阿根廷的民族之魂。

Tips

**探戈日**

在阿根廷，“探戈之王”卡尔德尔可是位世人皆知的响亮名字。他集探戈词曲作家、歌手和舞蹈大师为一身，为阿根廷赢得巨大的国际声誉。12月11日他生日这天，被阿政府定为全国“探戈日”。

# 足球神话

## 第一运动

全世界球迷都知道，阿根廷是与巴西并驾齐驱的又一个足球王国，是足坛神话马拉多纳的故乡，足球已经成为阿根廷跻身世界民族之林的知名国家品牌。在布宜诺斯艾利斯的游览日程中，如果能亲临河床队或博卡青年队的主场观看一场球赛，一定会对足球是阿根廷的第一运动，是毋庸置疑的国球加深百倍印象。

我在阿根廷工作期间有幸应鼎鼎大名的阿根廷足球协会(AFA)之邀，在河床体育场观看主队与班菲尔德队之间的生死决战。这是当年全国甲级赛事中一场硬仗。容纳近9万观众的足球场简直沸腾了，两队球迷按规定各占一边，篮球场大小的队旗起伏波动，就像团体操手擎的图案画卷，球迷们从头到脚装备着全套拉拉队行头，个个放声高喊，尽情地发泄对自己心爱球队的欢呼和吁叹。球场边高悬着主队教练和球员的大幅肖像，礼遇规格肯定超过总统，他们是球迷心目中的战神和英雄。在震耳欲聋的鼓号和吼声中，球迷们对足球的顶礼膜拜气冲九霄。

我也曾和使馆的年轻朋友一起去郊外看过丙级队的球赛，虽然排场远不如甲级队比赛，可球迷的痴狂

2010年南非世界杯阿根廷队全家福

阿根廷球员也玩千手观音

马拉多纳亲吻大力神杯

绝不输大牌球队的拥趸，他们光着上身，攀在隔离网上，忘情地为自己球队加油。

## 全民踢球

每到周末和节假日，布宜诺斯艾利斯乃至全国各地的球场，包括公园中的足球场处处人头攒动，呼声掌声一片。常常是父子、兄弟齐上阵，观众席上家庭后援队群情激昂。阿根廷有20个甲级足球队，乙级、丙级队有上百家，全国共有3.5万支球队，注册球员据说超过30万人。活跃在绿茵场上的年轻人，甚至刚会走路就动球的娃娃，让你看到足球在阿根廷的深厚根基。酷爱足球在这里是一种世代的延续，民族的遗传，足球成了他们生命中不可或缺的一部分。

博卡青年队主场

阿根廷球迷

Tips

**签证须知**

对于持用因私普通护照的中国公民来说，阿根廷签证政策比较严格，可分为旅游签证、商务签证、定居签证和工作签证等几种，申请签证时一般需提交有效护照、填妥的申请表格、护照照片一张、往返机票、经济状况证明、邀请信等材料。

# 马尔维纳斯，心中的痛

## 马岛之役

说到阿根廷，你可知道马尔维纳斯群岛在哪儿，又听说过那场马岛战争吗？作为朋友，当然需要了解阿根廷人心中依然的痛。

1982年4月2日，阿根廷加尔铁里军政府不宣而战，突然采取“蓝色行动”，派兵登陆并占领了马尔维纳斯群岛，宣布收回对马岛的主权。阿举国欢腾，加尔铁里一下子成了阿根廷的民族英雄。4月6日英国首相撒切尔夫人宣布派特遣舰队远征南大西洋收复失地。双方经过惨烈的海空大战和5个回合的登陆激战，至6月14日阿根廷守军战败，前后共历时74天。“铁娘子”终于战胜了铁将军。

马尔维纳斯之战是一场陆海空三军全面参战、战场空前广阔的现代局部战争，阿英双方动用大量的兵力、舰艇、战机。

## 未了的民族情结

英国人为什么倾力在南大西洋这么遥远的地方与阿根廷打这场大战，这要回顾一下马尔维纳斯群岛争端的历史。马岛是南大西洋一处群岛，由200多个大小岛屿组成，总面积12173平方公里，距阿根廷海岸最近仅600公里。周围海域是广阔的深海渔场，近海石油和天然气资源有开发前景。群岛扼南大西洋和南太平洋航线要冲，战略地位重要。

马岛战争阵亡将士纪念碑

英国方面坚持说群岛由英国人于1592年发现，1690年以时任海军大臣的福克兰名字为该岛命名；西班牙方面称系由西班牙船队于1520年发现，并于1767年至1832年间先后任命过20位马岛总督；阿根廷独立后于1820年在岛上升起国旗继承对马岛的主权。但自1832年英军舰赶走阿根廷人起至阿英马岛战争爆发，英国人占领该岛达150年。

实际上，阿英两国自1960年代至战争爆发，曾就马岛主权之争进行了长达15年，约150次谈判，未能达成任何协议。马岛战败，阿根廷收复马岛的夙愿蒙受了新的屈辱。此后虽在阿和多数拉美国家动议下，联合国三次通过决议呼吁阿、英两国政府恢复谈判，以尽早和平解决马岛主权争端。然而英方坚持不讨论主权的强硬立场，阿根廷收复马岛主权的努力依然长路漫漫。

空中鸟瞰阿根廷港（史丹利港）

我国一贯支持阿方对马尔维纳斯群岛的主权要求，主张阿英双方通过谈判和平解决争端。

每年6月14日在布宜诺斯艾利斯市中心马岛战争阵亡将士纪念碑前，依然是花圈满布。在阿根廷南部距马岛最近的里奥加列戈斯港，人们向大海掷撒鲜花，追思阵亡将士。马尔维纳斯是阿根廷民族未了的情结。

阿根廷港（史丹利港）的基督城大教堂

*Tips*

**重要电话**

火警100，警察局101，儿童保护102，医疗急救107，旅游警局(11)43465770，以上电话可在阿根廷任意公用电话免费拨打。

2

We all live on the same planet

# 首都风光

# 世界名城

## "好天气"

像阿根廷国名为银却无银一样，其首都布宜诺斯艾利斯的名字也常引起人们的误会。按西班牙语直译，应当是好天气的意思。可考证结果是，1536年初西班牙殖民者登陆拉普拉塔河口后，最早以地中海保护神"布宜诺斯艾利斯圣母"（意大利语"顺风女神"之意）命名他们的据点，大概感恩圣母保佑平安到达吧。此后在此逐渐建起了城市，这就是布宜诺斯艾利斯城的由来。今天圣母已去，好天气犹在，布市作为阿根廷的国都，当之无愧地跻身于世界名城之中。

市徽

市旗

## 大都会的风貌

来到阿根廷，一般是先到首都布宜诺斯艾利斯。这座美丽的城市无疑是世界级大都会之一。联邦首都或称自治市面积约200平方公里，人口300万左右。而大布市（加上周围同名省份的24个区）面积则达4326平方公里，居民约1150万（占全国人口近1/3）。布市地处拉普拉塔河西岸，像一幅扇面沿河展开，大小街道规整有序。全城共有2200条街道，世界最长的里瓦达维亚大道（长37公里）和世界最宽的"7月9日大道"（最宽140米，连辅路双向26车道）都在城中。

布宜诺斯艾利斯市在阿根廷

博卡区老建筑

市区北部的景象

独立斗争中尽显风华。1810年5月25日当地市民起义组成自己的市政委员会，吹响了推翻西班牙殖民统治的号角，这一天已成为阿根廷神圣的国庆日。1880年9月国会立法将布市定为联邦首都，从此这里成为阿的政治、经济和文化中心以及交通枢纽。目前全国一半以上的工厂企业集中于此，全国出口货物的38%和进口的59%在布港装卸，全国主要公路、铁路和空中运输多由此始发。全城现有300万辆汽车，辟有5条地铁和9条城铁线路。由于城市滨临河口有清新的河风调节空气，地处平原道路宽阔畅通，在布市绝对感觉不到空气浑浊和道路拥塞；相反一片蓝天白云，在这现代化的大都市中也能尽享氧吧似的绝好空气。

## “南美洲的巴黎”

布宜诺斯艾利斯市欧洲风味十足，随着欧洲移民蜂拥而至，上个世纪初城市已颇具规模，“南美洲的巴黎”声名鹊

起。世界闻名的哥伦布大剧院于1908年竣工，布市第一条地铁线于1913年通车，当年城市的繁华可见一斑。

长期以来，作为欧洲移民为主的国家，城市建筑和街道布局深受欧洲文化和建筑风格的影响。虽然历经百年，城中哥特式的教堂、意大利文艺复兴和法国风格合璧的剧院，以及许多西班牙式的宅邸庭院至今仍保存完好。不夸张地说，布宜诺斯艾利斯就像镶嵌在南美大陆的一座欧洲城市。

布宜诺斯艾利斯是南美首屈一指的"文化之都"。全国1/3的大学、藏品丰富的各类博物馆和经常性的文艺展览、数百家图书馆、影剧院和文化中心，46座大型纪念碑和上千座精美雕塑均荟萃于此。入夜，人们可以在富丽堂皇的哥伦布大剧院欣赏歌剧和交响乐，也可以在圣特尔莫老区鉴赏探戈舞的原汁原味，还能在佛罗里达步行街邂逅"街头艺术"的表演。整个城市就像一座雅俗共赏的文艺沙龙和献艺舞台，伴着烤肉和咖啡飘香，令人流连徜徉。

Tips

**航空与机场**

阿根廷全国共有机场400多个，其中80多个为主要机场。各省府、主要城市及重要旅游点每天均有航班往来，国际航线近30条。重要的国际机场有首都埃塞萨国际机场。

# 首都的心脏

“五月金字塔”的尖碑

## 见证共和国的历史

在布宜诺斯艾利斯不管逗留一天还是两三天，五月广场和它周边的玫瑰宫(即总统府)、市政厅、首都大教堂都是必看之处。就像北京的天安门广场，这里是阿根廷首都的心脏。从1580年6月11日布宜诺斯艾利斯正式建城起，它见证了阿根廷400多年政治和社会生活最重要的事件，记录了共和国的荣衰历史，是布市最古老的广场。

五月广场曾称大广场或胜利广场，作为该市的中心广场，自然按西班牙的城建风格而设计，即一个方形的中心广场，市政厅居一侧，沿广场其他方向分别建有大教堂、邮政局、银行、博物馆等。由于当时阿根廷尚未独立，布市亦非首都，广场及周围建筑规模和规格，与其他大城市并无太大区别。1816年阿独立后直至1880年才将布宜诺斯艾利斯定为联邦首都，其间将广场边原西班牙总督居住的城堡和邮局拆建作总统府，五月广场也就升格为首都的中心广场。据说，建城时广场位置地处拉普拉塔河边，布市以这里为轴心呈扇面状向南、北、东方向扩展。光阴荏苒，城进河退，目前广场距河岸已隔开相当一段距离。

五月广场

你如果了解阿根廷的历史，一定知道五月广场缘何得名。5月对于阿根廷人来说是个载入青史的月份，这是阿根廷人民200年前发起反西班牙殖民统治起

五月广场雕塑

法院

义，吹响民族独立斗争号角的光荣时光。

## 必游之地

五月广场面积2万平方米，可容纳8万至10万人，是群众集会的理想场地。广场值得参观的景点主要是三座建筑，一碑一像。广场西侧一座典型西班牙风格的白色拱门建筑，正中是三层钟楼，于1740年始建1765年竣工。西班牙殖民统治时期这里即是市政厅所在。1810年5月布市人民发动“五月革命”，并于25日宣布脱离宗主国统治组建“洪塔”（JUNTA，即市政委员会），这一天后来被定为阿根廷国庆日。今天这里是博物馆，二楼会议厅布置成起义者举事时的会场，冠名为“五月与独立大厅”。市长也在市政厅举行为外国来访贵宾授赠城市钥匙的重要礼仪活动。

广场东侧正对市政厅有座粉红色的三层拱门建筑，这是总统府所在，人称玫瑰宫。玫瑰宫前高擎大旗横空立马的贝尔格拉诺将军铜像，再现了这位亲手设计阿根廷国旗的独立斗争先驱的英姿。

广场西北角一座新古典主义风格的米色建筑令人瞩目，正面12个高高的罗马式门柱象征耶稣的12位圣徒。门楣上方雕塑着圣经故事。大教堂内右侧安放着阿根廷国父圣马丁将军的灵柩。将军的铜棺置于黑色大理石基座之上，石上镌刻着他为祖国和南美洲独立解放立下的丰功伟绩。他的两位战友和无名战士的墓也同置厅内。从1950年圣马丁将军逝世百年那天起，教堂外墙就点燃了人称“阿根廷火焰”的长明灯，铭牌上刻着：“圣马丁将军和独立战争中其他无名英雄的遗骨安放于此。向他们致敬！”

棕榈树环抱的广场中心立有称为“五月金字塔”的尖碑，碑顶立有手持矛和盾的自由女神雕像，碑面太阳光芒图案下刻有1810年5月25日金色大字，让人铭记阿根廷人民光辉的独立斗争历程。

*Tips*

**布市的地铁系统**

布宜诺斯艾利斯拥有世界上最古老的地铁系统之一，它的第一条地铁线“A线”建成于1913年。到40年代中期，又相继建成了B、C、D、E四条线。后来地铁建设进展不大，至今五条线总长不过40多公里。E线终点与一条轻轨车线路衔接，一直通向郊区。地铁营运时间为清晨5:00至第二日凌晨1:30。地铁车站没有地面建筑，只是人行道上铁栏杆围起一个入口，但地铁标志又大又明显，老远就能看见。

# 粉红色的总统府

阿根廷总统府北楼

## 特殊含义的颜色

在五月广场东侧，有一座三层的粉红色拱门建筑夺人眼球，这里就是阿根廷联邦政府所在的总统府，人称玫瑰宫。

西班牙殖民时期这里最初只是河岸边一座要塞，后扩建为城堡作为总督官邸。阿根廷独立后曾用作各种名目的政府所在，直至阿第一位总统里瓦达维亚将其辟为府第。1862年米特雷政府将倒塌闲弃的建筑修葺一新，萨米恩托总统继任后决定增建花园并装修外墙。时值内战方息石料缺乏，只能以灰浆涂抹。亦为著名作家的总统力主将墙面涂成粉玫瑰色，因为红、白二色分别是内战敌对两派的标志色，二色混合调成粉色，既象征民族团结国家统一，又表现政府对两派不偏不倚的等距离原则。总统神来一笔，聪颖地将政府的政治立场鲜明昭示给世人，至今传为佳话，玫瑰宫的美名遂不胫而走。

1886年玫瑰宫扩建工程完成，一道拱门将老总统府和原邮局大厦连为一体，二者统一了建筑风格和外墙设计，今天看到的玫瑰宫基本上保持了扩建后的原貌。

## 精美典雅的内景

玫瑰宫内虽比不了欧洲国家王宫或总统府那般金碧辉煌，却也光彩夺目。宫内设有迎宾院、迎宾厅、接待厅、历任总统胸像陈列廊等。以法兰西冠名的迎宾楼梯正面墙上挂着法国巴黎手工制作的精美双面壁毯，织的是策马戎装的圣马丁

玫瑰宫

白厅

将军形象，下方标明系法国赠给阿根廷的国礼。以意大利冠名的楼梯墙面上挂着大理石镶铜的纪念牌，这是意大利在阿国庆100周年时给阿根廷的礼品，以彰显两国间的兄弟情谊。总统办公室在二层，拱形窗棂朝向五月广场，当年美丽的庇隆夫人和庇隆总统一道就在这个阳台上接受成千上万民众的欢呼。总统办公桌对面厚实沉重的橡木长桌则是总统会见外国元首或要人的地方。

白厅则是玫瑰宫的瑰宝，大厅正面

玫瑰宫内景

壁炉上满墙放置着象征祖国的大理石传统雕像，粉色的石面上嵌有巨大的铜质国徽，古色古香硬木雕成的一对天使，双手抱着光荣的号角，底座是旗帜剑胄和桂枝簇拥的白色大理石自由女神胸像。这整座壁饰是阿建国百年时自法国订制的珍品。大厅右角和左角分别放置着圣马丁和贝尔格拉诺将军两位独立元勋的胸像。天花板上是意大利画家以五月革命和宣告独立两大历史事件为主题绘就的巨幅画卷，也是献给阿百年国庆的厚礼。大厅正中悬垂着巨大的法国镀金吊灯，两侧边门全装上水晶玻璃镜面，连拱形门围和墙壁踢脚板最初也是金箔包覆，整个大厅的地面均为橡木小板拼成。全国最重大的庆典活动都在这里举行。

由圣马丁将军亲手创建的掷弹骑兵团是今天总统府卫队的前身，士兵们威武英俊的蓝、红二色军服也是将军依照法国大革命义军服装亲自设计。他们担负

总统府面对五月广场的全貌，正对中门的青铜雕像为国父圣马丁

着总统府保卫和相关重大典礼仪仗，也是五月广场上一道绚丽的风景线。

总统府的历史沿革史料及原址古代要塞断垣和炮眼等遗物，均在总统府博物馆中陈列，可供游人参观。

Tips

**入境须知及海关规定**

根据阿根廷海关有关规定，不能携带入境的物品包括水果、肉制品、昆虫、动植物等等。入境时，请务必详细填写在飞机上发放的入境登记卡，并连同护照以备阿根廷海关检查。

# 南美洲最宏伟的国会大厦

国会大厦

## 蔚为壮观的大厦

比起南美洲其他国家国会，阿根廷的国会大厦堪称最为壮观，以其古典主义传统风格和宏伟气势著称，让人回味无穷。从建筑设计的大气和雕琢的精美看，它与华盛顿国会大厦不相上下。

从五月广场西行就来到宽阔笔直的五月大街，大街的西端是首都面积最大的国会广场，这里也是国家象征性的地理中心，全国公路起点。广场尽头，阿根廷国会大厦赫然耸立。大厦约160米宽，主体建筑为四层，中间带穹顶的塔楼高约80米。大厦于1887年破土动工，1906年初步落成，直至1946年才全部竣工，历时近50年。

整个大厦一层为花岗岩石贴面，以上均为白色大理石墙面。拾阶而上正面大门前6根雕花的希腊式高大石柱和两侧共24根边柱，加上中间塔楼上两层围成圆形的40根立柱，整座大厦犹如磐石擎天，给人以深刻印象。或许正符合人们

国会大厦

对议会这一最高立法机构的神圣期许和美好寓意。塔楼顶端是直径20米的青铜穹顶，风雨冲刷下通体泛绿。塔楼中部高高的石台上，矗立着一辆四驾马车的青铜雕像，凌空欲飞；塔尖上则雕有鼓翼吹号的天使形象，都是建筑的点睛佳作。

## 寓意深刻的雕塑

国会广场上屹立着国会纪念碑。宽阔的花岗岩平台四角是安第斯神鹰展翅的铜雕，碑顶是象征祖国的妇女铜像，她高擎月桂枝叶欢庆胜利；中部是一组妇女雕像，挣断锁链的一座象征着1813年的制宪大会，手持国旗国徽的一座象征1816年议会召开，用以纪念阿历史上与议会有关的两大重要事件。

纪念碑前是花岗岩围就的音乐喷泉。在水池旁能看到一组青年男女的群雕，象征着阿根廷母亲河拉普拉塔的养育之恩，四匹骏马自水中跃起，马口正是喷泉的出水处，整组雕像生动逼真又匠心独具。广场前端用原模浇铸的罗丹《思想者》雕像，是名作的不二复制，有很高的艺术价值。

蓝天白云下的国会广场，鸽群盘旋上下从游人手中啄食，国会新建的现代化办公楼玻璃墙面映出老大厦的穹顶，共

大门前的浮雕

和国的历史好像在这一刻凝固。入夜，国会大厦华灯齐明，更显出古老建筑的深邃和厚重。喷泉的水柱随着优美的音乐扶摇直上，高低错落变化无穷，如织的游人在广场上悠然信步，流连忘返，好一幅和平和恬静的美好图景。

Tips

**公路交通**

阿根廷交通发达，与我国一样实行左舵行车，道路以单行线为主。阿根廷人行车速度快，并线、超车普遍，因此要特别注意交通安全。

# 英雄立马壮志酬

圣马丁广场

## 光荣的纪念

来到布宜诺斯艾利斯，圣马丁广场是另一个值得的去处。广场地处布市繁华的中心地带，沿着热闹的购物天堂佛罗里达步行街，就来到了这里。

圣马丁广场西班牙殖民统治时期曾是可容万名观众的雷蒂罗斗牛场，1870年英国殖民军入侵布市时当地市民在此英勇抗击并击溃英军，地名遂改为格洛利亚(即光荣之意)广场。阿独立战争中，圣马丁将军创建的掷弹骑兵团曾在此进行训练。1878年为纪念圣马丁诞辰100周年，人们把广场命名为圣马丁广场。

广场占地2.46万平方米，绿地面积广阔，满地铺就的草坪上多棵冠盖盈亩的百年翁布树(南美特有的大树)盘根错节，树围十来人方能合抱。广场闹中取静，是游人歇脚小憩的如意去处。

## 向英雄敬礼

广场西侧花岗岩平台上，阿根廷国父圣马丁将军的纪念碑庄严肃立。纪念碑由将军的青铜雕像和枣红色大理石基座组成。圣马丁将军身着义军戎装，挥动右手，跃马腾空，生动地再现了这位伟大的南美洲解放者攻无不克、战无不胜的

圣马丁广场

根廷光荣历史的象征，已经成为世界各国人民表达对阿根廷国家的尊重以及对阿根廷人民友好情谊的圣地。

圣马丁塑像远眺

英雄气概和争取自由独立的凌云壮志。铜像由整块坯料铸造雕刻而成，整座雕像仅靠立马的后腿承重支撑，显示出雕塑家高超的立意和精湛的技艺。大理石基座上的浮雕，铭刻着将军指挥过的决定阿根廷民族命运和南美洲解放前景的重大战役场景，彪炳将军为阿根廷和南美洲独立创下的丰功伟绩。底座和四角的战士组像则彰显了义军无名英雄的历史贡献。圣马丁纪念碑已成为阿根廷国家级文物，每天受到众多游人的瞻仰。

我曾有幸多次来到这里，一次次向伟人表示崇高的敬意。我亲眼目睹江泽民主席、李鹏委员长和多位国家领导人向圣马丁纪念碑敬献花圈，缅怀这位阿根廷民族的开国元勋。我向阿总统递交国书后，在总统卫队古装马队簇拥下乘礼车来这里向将军献花致敬，受到我驻节生涯中最高贵的礼遇。我深深地懂得，圣马丁广场和圣马丁纪念碑作为阿

Tips

**圣马丁广场**

1878年2月25日，阿根廷人民在圣马丁将军诞生100周年之际，将原光荣广场命名为圣马丁广场。广场成不规则形状，占地面积为2.46万平方米，是布市最古老的广场之一。广场中间矗立着解放者何赛·圣马丁的雕像。它由法国雕刻家Louis Joseph Daumes于1862年雕刻而成。根据阿根廷的惯例，外国元首来访或大使递交国书之后，都要向圣马丁纪念碑献花圈。

圣马丁广场附近的英国钟楼

# 高雅艺术的殿堂

大剧院外观

## 近代建筑巨作的代表

在阿根廷首都有一座金碧辉煌的剧院，对于钟爱高雅艺术和建筑艺术的游客来说，能一睹这座艺术殿堂的风采的确是一次难得的经历。它就是与米兰斯卡拉大剧院和纽约大都会剧院齐名的布宜诺斯艾利斯哥伦布剧院，号称世界最负盛名的三大歌剧院之一。

1970年代我两次随国内艺术团到阿访演时曾仔细参观过这座剧院，也曾陪同到访的国家领导人在此观看演出。每次来这里，我都为剧院的恢宏气势和富丽堂皇感到钦佩，也对这座古老剧院的精心维护和良好经营，以及在传播高雅音乐方面的核心作用赞叹有加。

哥伦布剧院地处市中心区南北干道“7月9日大道”西侧的自由街上，是一幢独立的乳白色4层大厦。占地面积为1万平方米，总建筑面积达3.78万平方米。剧院外貌雄伟庄重，内部装潢精美华丽。

剧院金色大厅

正门内宽大敞亮的前厅像一座大理石的殿堂，精工细雕的古典式廊柱、墙面和石阶、扶手，让人眼前一亮。二层回廊中摆放着欧洲近代音乐大师的胸像，让人们耳边回响起经典巨作的天籁之音。典雅华贵的“金色大厅”是室内乐演奏厅，也是举行演出酒会和安排贵宾休息的厅堂。

中心剧场无疑是整个剧院的瑰宝，从底层拾阶而上，一迈进剧场的入口，你会不由得屏住呼吸。穹顶中央垂下直径7米的巨型水晶灯，700只灯泡齐明，与全场150多组壁灯交相辉映，穹顶绘制的以舞乐为题的巨幅壁画、舞台前硕大的紫红色天鹅绒帷幕、台口两壁、七层厢阁和乐池前的围柱上金色的浮雕，都被映衬得熠熠生辉，就像来到一座金色的圣殿，令人瞠目结舌，难以置信。

## 徜徉音乐天堂

剧场具有欧洲歌剧院的典型结构和古典风格，音响效果绝佳。面积达7000平方米，池座加上马蹄形的5层包厢共有3400多座位，六层和七层设有站

金碧辉煌的剧场

大剧院西门

位，可容纳数百名观众。有趣的是，距地面高达28米的七层站廊票却称为“天堂”票。二层正中是宽敞的总统包厢，前壁装饰着国徽图样，外国元首夫妇莅临时阿总统伉俪常陪同观戏。剧场台口两侧永远帷幔紧闭的豪华包厢，据说是专门为不愿显容的隐秘人物聆听歌剧留用，更增添了一抹神秘风情。剧场舞台宽35.25米、深34.50米、高40米，号称世界最大的舞台之一。1978年我中央歌舞团的艺术家们参观剧院，都对舞台和剧场设施叹为观止。

剧场地下室内设有库房和服装道具制作间。库房存放着上万件道具服装，供不同剧目选用，其中有我国著名京剧艺术家李少春1956年访阿赠送剧院的一双戏靴，让中国游客感到亲切。

哥伦布剧院于1889年开工兴建，至1908年正式竣工，距今已有上百年的时光。世界知名的乐团、芭蕾舞团和歌唱家几乎全在此登台献演。它是上世纪初阿根廷作为世界富国经济和文化繁荣的历史见证，也是阿根廷近代建筑巨作的辉煌代表。

Tips

**自然和文化遗产**

由联合国宣布的阿根廷人类自然遗产有南部安第斯山麓13条巨大冰川组成的冰川国家公园、东北部与巴西共有的伊瓜苏大瀑布、南部巴塔哥尼亚台地瓦尔德斯半岛野生动物栖息地和西部安第斯山中段的伊斯奇瓜拉斯托古生物遗址公园（月亮谷）及塔兰帕亚峡谷国家公园；宣布为人类文化遗产或景观的有瓜拉尼印第安耶稣会遗址、阿尔托绘画河手掌印岩洞、科尔多瓦耶稣会街区及庄园和乌马瓦卡山口土著人村落。

# 风情永驻的街区

## 城市的记忆

首都西南角有一条汇入拉普拉塔河的支流，它的名字叫Riachuelo，西班牙文小河的意思。河西岸就是老城的博卡区(河口之意)，是国内外游客趋之若鹜的知名去处。

1974年我第一次来博卡，在散发着难闻气味的黑水河边，看到一大片低矮的铁皮木板房，虽然外表漆得光艳奇特，并没有引起我太大的兴趣，当时我联想到上海正在拆除的棚户区。随着对小区历史和风土人情的更多了解，我对它的认知逐步加深，印象也更加深刻。特别是面对日益城市化、现代化的大都市，这里留下对昔日城市一段记忆，是快活的、富有生气的，又是伤感的、发人深思的，倒更难使人忘却。

博卡是纪念碑，它的兴替就是布宜诺斯艾利斯市的发展史。这里曾是布市第一个港口，港湾内如梭的舟船来往不断，之后，连通的铁路更增添了生机，成

博卡街景

为殖民时期布市重要的商埠。

历史上这里就是意大利移民的聚居地，据史载17世纪末意大利的航海家就来过这里，1820年来自热那亚的意大利人开始在此定居并开办造船厂。1860至1910年欧洲移民高潮时更多的热那亚人来这里生活。博卡逐渐成为以造船、码头装卸、驶船捕鱼为主业的居民点，小区始有雏形。随之海关设立，咖啡店、酒馆、舞厅、妓院应运而生。1870年布市在博卡设镇。由于劳工纠纷，1882年小镇官员一怒之下曾直接上书意大利国王，宣布成立“博卡共和国”，成为当地历史上一件轶事。昔日喧嚣繁忙的港湾今天归于平静，博卡成为历史的定格。

## 文化摇篮

博卡是窗口，在这里你能直观地了解到布市建城初期当地的原始风貌。为防止洪水泛滥，这里岸边街道高筑并铺以卵石，房屋多为二三层木板墙铁皮顶的简易建筑，鳞次栉比、高低错落。建筑风格随心所欲，挥洒自如。外表涂以鲜艳夺目的红黄蓝绿本色，门楣和墙面上常绘有或雕以民间艺人的即兴之作。街道

博卡老港

拐角索利斯广场上，探戈艺人如痴如醉地表演着永恒的国舞，碎石铺成的步行街摆放着街头艺术家的得意画作。

博卡是阿根廷城市文化的摇篮，这里的风水人气孕育了阿根廷文化艺术的又一创作源泉。闻名于世的探戈艺术就发祥于此，从水手、壮工和妓女堆里诞生的探戈，经过剧院和沙龙的陶冶，出落成世界艺术奇葩。生于博卡的擦鞋童金盖罗·马丁描绘博卡风情的作品成为阿根廷近代绘画中的传世之作。贫困群体聚居的人文环境还铸就了苦孩子马拉多纳的球王之路，100多年前英国水手传到这里的足球运动，通过诞生于此的两支百年老队银河队和博卡青年队的角逐竞技，蔚然推向全国，已成为今天阿根廷名副其实的国球。

Tips

**探戈街**

博卡区最有代表性的一条街道。根据阿根廷画家金盖罗·马丁的建议，把街两边的建筑粉刷成当地代表性的颜色，并命名为“小路”。街两边的墙壁上有许多阿根廷艺人的浮雕作品，两侧多为手工艺品商店，大小纪念品琳琅满目，供游人选购。1959年，政府将这条街道变成一条“步行街道博物馆”，让行人漫步其间，体验浓郁的艺术氛围。

# 圣特尔莫，说不完的故事

## 最古老的城区

圣特尔莫是布宜诺斯艾利斯最古老的城区之一。据记载，1716年这里已形成居民点，1732年–1734年为了纪念一位西班牙神父和另一位意大利神父，建造了Belen圣母教堂。据说人们取两位神父姓名的谐音将这里称作圣特尔莫。此后陆续建起了修道院、民居和学校，逐渐发展成布市一个重要街区。

圣特尔莫300年历史大致经历了三个阶段：小区初建时，这里主要是底层劳工和港口工人的栖居地，也是布市一处重要的市场；19世纪初一些显贵家族迁入，开始构筑豪宅，小区成为布市富人聚居的地段之一，迅速兴旺起来，当时英国富商和大使的宅邸就建在小区的高处；此后的100多年中，小区由鼎盛走向衰落，直到1978年，市政府将区内的多莱戈广场宣布为历史遗迹，回购并整修一些濒于倒塌的古老建筑，开始对圣特尔莫这一宝贵的文化遗产进行保护。1990年代以来，布市对

全区的街道和建筑进行全面维修，在“修旧如故”的原则下，重铺方石路，安装老式路灯，设置景点介绍牌，实行周日步行街制度，并提供优惠贷款推动小区旅游服务和设施建设的发展，老旧凋敝的圣特尔莫很快又焕发青春再现昔日辉煌，成为布市最重要的旅游景点。

圣特尔莫街景

## 活动的城市博物馆

在圣特尔莫，你偶尔能见到早期简陋建筑的残垣断壁，但更多的是殖民时期建筑的身影。这里有西班牙风格的庭院住宅，拱门式、窗围护栏的双层小楼，瓷砖铺就的地面，石雕环绕的老井，让人在城市的喧闹中享受一份宁静。始建于两个世纪之前的法国式小旅馆，为来往的游客送上经久的温馨；现辟为国家历史博物馆的楼宇则是典型意大利风格的建筑；昔日卷烟厂的仓库已改建为现代艺术博物馆，保留着原有的风貌。

圣特尔莫最热闹的去处首推位居小区中心的多莱戈广场。19世纪中叶这里被称为交易广场，人们用牛车把博卡港船运的货物拉到这里出售。1879年被定名为多莱戈广场。今天，广场四周都是古董商店和餐厅。每到周日，广场限制车辆通行，整个广场变成古董和旧货市场，各种摊位售品五花八门，千奇百怪。顾客在真品、赝品的无休止游戏中兴致勃勃地投入淘宝的行列，玩一把心跳。我在那里见到过古色古香的广东和印度牙雕，自信并未走眼。广场十字路口探戈艺人献舞、真人雕塑秀构成了街头艺术一道道风景。

华灯初上，小区街巷中多家兼营探戈和烤肉的“探戈晚餐”剧场，吸引着如织的游客纷至沓来。其中巧用葡萄酒厂房改建的“老店”最负盛名。另一家百年老号托尔托尼咖啡馆，是昔日文人雅士聚集场所，古色古香的店面和着咖啡的醇香是小区又一诱人去处。

圣特尔莫距城市中轴点五月广场不远，又与驰名的博卡区相邻，实际上，沿拉普拉塔河岸，这三个毗连的景区正好展现出城市历史和文化发展的轨迹。

人们说，来布宜诺斯艾利斯最不该漏的日程就是逛圣特尔莫，因为不到这里你就没找到真正阿根廷文化的真谛。在圣特尔莫这座活的城市博物馆中，“每一个街口、每间咖啡馆、每张旧木桌都在诉说着往日的故事。”（阿根廷文豪博尔赫斯语）

Tips

**布市街道布局**

布宜诺斯艾利斯市(联邦首都区)有2000多条街道，基本上排列得像棋盘格一样整齐。一条街不论长短，从头到尾名称不变，如里瓦达维亚大街长37公里，是世界上最长的街。

## 博物馆之城

国家历史博物馆

### 历史沿革的见证

布宜诺斯艾利斯又一个突出的特点就是它大大小小的博物馆，着实使这座欧洲风格浓厚的文化名城增色不少。

作为世界十大人口稠密城市之一的大布宜诺斯艾利斯，共有101家内容、风格各异的博物馆，例如，玫瑰宫（总统

1906年建成的移民旅馆现在是座博物馆

府）、装饰、雕塑、版画、造型、摄影、现代艺术、东方艺术、偶戏、蜡像，以及邮政、铁路、足球、钱币、武器、三桅古船甚至监狱博物馆，林林总总应有尽有，足以满足不同游客的兴趣需要。

国家历史博物馆位于博卡区雷萨马公园附近，是阿根廷最大最完整的历史博物馆。它始创于1889年，1897年迁入现址。这是座有近190年历史的意大利式建筑，它本身就是阿历史沿革的见证。馆内收藏有6万多件文物，人们在这里能看到共和国首面国旗、首枚国徽，“五月革命”时的请柬，圣马丁将军穿越安第斯山用过的行军床等历史珍品；能浏览1880年至1950年阿历任总统的资料；还能欣赏馆藏1200幅油画、1800件雕塑中的佳作。

## 拉美最著名的艺术圣地

被誉为拉美最著名艺术殿堂之一的国家美术馆，坐落在富有文化气息的莱哥雷塔城区。这是座外貌朴实无华的三层建筑，总面积达1万平方米，现有37个展室，最大展厅面积1536平方米。附设有图书馆、教室、收藏库房等，装有现代视听设备的礼堂为举行文化交流活动提供了理想场地。馆内藏有11000件国内外各时期不同流派的绘画、雕塑作品，其中最珍贵的是18至20世纪欧洲艺术大师莫奈、布鲁赫尔、富日塔、罗丹、戈雅、格列柯以及毕加索的传世佳作，阿根廷19世纪最杰出画家莫雷尔、当代著名画家贝尔

国家美术馆

莫雷尔的画作

尼等人的巨作也受到观众的欢迎。

国家美术馆于1896年12月隆重揭幕，后几易其址。上世纪20年代末世界经济危机时，展品几乎流失，多亏社会各界热心人士倾力扶持才得以保存。1932年迁入现址，经多次改造扩建才具有当今的规模。美术馆自1910年起每年举行春季画展，自1922年起每年举办一次全国美术评奖，平日各种美术展安排不暇。美术馆还是阿文艺产业中有效推行馆友会制度的典范，除私人外还接受银行、企业为单位会员，在社会上广为筹资，为阿根廷美术事业的发展开辟了新的道路。

参观美术馆全部免费，在规定时间内还有专职解说员介绍作品及艺术家生平。常会看到成队的中、小学生天真好奇地凝视着面前动人的作品，保不齐会从这些孩子们中催生出新的艺术天才呢！

Tips

**布市的市内交通**

布宜诺斯艾利斯共有一百多条公交汽车线路，游客可以选择坐公共汽车，也可以选择地铁，地铁运行速度很快，一般不会超过25分钟。

## 世界最宽的大街

“7月9日大道”夜景

### 贯穿南北的主干道

“7月9日大道”可以说是布宜诺斯艾利斯最主要的大街，地位相当于北京的长安街。它的命名自然是为纪念阿根廷1816年7月9日宣布独立这个光辉的日子。

这条大道全长4公里，是贯穿城市南北的枢纽通衢。北与通往市内机场的伊利亚总统高速路相连，南与“7月9日高速路”相接，与首都最热闹的24条街道交叉，包括号称世界最长的里瓦达维亚大街（长达37公里）和商家集聚的科连

命名是为纪念阿根廷1816年7月9日宣布独立。



特斯大街。它距首都中心的五月广场仅5条街之隔，处于城市中心地区。

“7月9日大道”是世界最宽的大街，达到140米，据说比巴黎香榭丽舍大街还宽出10米。最宽之处竟有双向26个车道，主路各8道、辅路各5道。主辅路间是宽阔的草坪和树林，间有喷泉，就像一个个街心花园。

## 繁华的街景

大道两旁是林立的豪华旅店与办公大厦，商店餐馆云集。布宜诺斯艾利斯市标方尖纪念碑、著名的哥伦布剧院、塞万提斯国家剧院、无人不晓的托尔托尼咖啡馆、文豪博尔赫斯出生地、偶戏艺术博物馆及一些知名教堂均分布在大道不远的地方。

夏日，街旁的人行道上露天咖啡座比比皆是，人们在车水马龙的大道边悠

闲地品味浓浓的咖啡，恰似城市脉动的绝妙组合。华灯初上，街旁高楼上硕大的广告牌、商家影剧院五颜六色的霓虹灯招牌和着大街上闪耀的汽车灯，城市的夜生活在流光曳影中沿着“7月9日大道”闪亮开场。

## 首都的市标

“7月9日大道”北端三分之一处，耸立着一座白色尖塔，这就是阿根廷首都的标志性建筑，人称方尖碑(Obelisco)。其形状与古埃及的尖碑及华盛顿的独

繁华的大道

方尖碑

立纪念碑有几分相似。是为首都建城400周年专门建造的。

石面砌成的纪念碑高72米，周围几公里外都能望见它的高大身影。碑体就像一把刺向苍天的利剑，象征着布市市民争取自由解放的不屈精神。纪念碑的设计风格虽然朴素无奇，但历久弥新同样让人缅记。

尖碑两侧是巨大的共和国广场，它实际上是两个半圆梯级广场组成的大转盘，纪念碑就在横道中的环岛上。这里容

Tips

**布市的公共汽车**

为便于区分辨别，各路公交车车身颜色都不一样，如果你常乘某路车，不妨记住它的颜色，这样会方便很多。公交车一律前门上后门下，大多为自动售票，个别也有司机兼售票的。下车乘客到站前应按一下铃，告知司机停车。出了市中心区，可以随时就近下车，但上车还是须在有蓝色站牌的固定站点候车。

由于大多数街道是单行线，往返车走的是不同线路，一般在平行的邻街上可以找到回程的车站。车前挡风窗上标有“特别服务”字样的是空调车，票价稍高。

纳群众比五月广场更多，所以是各党派政客青睐的竞选集会场地。节假日期间，流行乐歌手常把这里当作最有人气的露天舞台，引得途经的人群驻足观看。

# 最热闹的步行街

## 购物天堂

来到布宜诺斯艾利斯，一定想选购些最具阿根廷特色的物品，佛罗里达步行街就是首选的购物天堂。

佛罗里达街地处繁华的市中心，是布宜诺斯艾利斯城的一条老街，有200来年的历史了。据资料记载，1813年爱国者们在这里首次唱响阿根廷的国歌，解放者圣马丁和他的战友们曾率领义军在街上走过。1814年街道被冠以现名，以纪念阿根廷独立战争中佛罗里达之役。1971年布市政府为方便城市交通和购物，将此街辟为步行街，成为国内外游客必来之处。

步行街全长1050米，东连著名的圣马丁广场，西接世界最长的里瓦达维亚大街，与垂直交叉的拉瓦利及周边街区，构成了交通方便又颇有品位的热闹商业区。街两侧多为欧式风格的楼房，有些始建于19世纪期间，底层均为店家、铺面，据说多达300多家；有些商场进得大门，内里另有一番洞天，俨然一座布满小店的商城，任你从容浏览选购；有些就像一条商

廊，曲折延伸把你引向另外的街道。由于地价如金，这里的商店铺面一般较小，不少店是民族品牌，自产自销。

据估计，热闹时踏足佛罗里达步行街的人数高达一天百万人次，相当布市人口的近1/3，其中不少是国外旅游者。对女士们来说，步行街最吸引她们的自然是那琳琅满目的时装店和模特小姐现场表演的时装秀。欧美最新时装款式，换季和圣诞节后打折销售的服装，无不刺激着她们的消费欲望。我也多次在那里逛街，有时是受朋友之托去裘皮商店选购大衣和皮夹克，有时出于自己偏好去木石工艺品店，选购些中小件雕刻，有时还去礼品店为朋友挑些高乔风格的小纪念品。近些年由于到访的中国游客增多，一些商店门口不仅挂出有中文的商品广告，还让店员学几句简单华语叫卖，招揽中国顾客。

## 欢乐的大舞台

佛罗里达步行街除了应有尽有的各类商店外，银行、旅行社、旅店和餐馆也纷纷看准商机跻身一隅，为游客提供周到的服务。街边的公共机构、银行、文化中心、画廊时常举办文艺展览，街上占全市1/3的影院通宵放映进口和国产影片，为步行街增添了几分文化氛围。

周末节假时分，在步行街中间的花坛旁边，卖艺的探戈舞师和民间乐手撂地为台，或舞或奏，喧闹得红红火火，引得满街的游客驻足观看。通体漆上颜色的大活人扮成塑像，为生计一站就是几小时几乎不换姿势。圣诞节前，圣诞老人为巧克力糖果店推销产品，引来众多孩子们的欢笑。这林林总总的众生相，构成佛罗里达步行街一道鲜活的风景线，让你流连忘返。

Tips

**广场公园**

布宜诺斯艾利斯的许多广场和公园的星期日市场是周末购物的好所在，有百货、服装，但更多的是有本地特点的工艺品，几个世纪前的古董，包括中国清代的大花瓶，也有现今制作的粗糙玩意儿，如用葫芦做成的马黛茶壶。例如，圣特莫区中心的多莱戈广场以卖古董闻名；里瓦达维亚星期日文化市场出售过期的杂志、古币、老唱片等。广场上往往还有各种民间艺术表演，情形很像中国传统的庙会。

# "首都之肺"

巴莱尔莫公园

## 公园的由来

打开布宜诺斯艾利斯的地图，在城北拉普拉塔河岸边你会看见一大片绿色，这就是有"首都之肺"美称的"2月3日公园"及周边绿地。1813年2月3日这一天是圣马丁将军率骑兵团首战告捷的光荣日子。不过人们还是更喜欢称呼它巴莱尔莫公园。

巴莱尔莫公园16世纪末时是一位名叫巴莱尔莫的西西里人的小庄园。1852年被当时任省长的罗萨斯（历史上的独裁者）占为私人属地。后曾是陆海军校所在。1870年开明的萨米恩托总统倡议在此建立公园，并顶着法律和议会的压力从罗萨斯手中没收了这片土地，1874年这里被辟为公园。最初的园林设计出自一位法国建筑师、风景画家之手，然而公园的风格与传统的欧洲园林不尽相同，融入了阿根廷人崇尚自然和自由的追求。萨米恩托还亲自选定在公园旁大道两侧栽种当地土生的棕榈树，如今已经伟岸成林，就像迎宾的仪仗。至19世纪末，附近建起了跑马场、植物园和动物园。1914年玫瑰园设计动工。此后又陆续在这一地带兴

玫瑰园

日本花园

建了高尔夫球场、马球场、天文台、机场、大使馆、健身俱乐部，阿根廷鼎鼎大名的全国农牧展览馆也建在周边。

## 自由的天地

巴莱尔莫公园是首都最大最完整的公园，总面积达500多公顷。这是一片自由的天地，无需购票入园，有车道自由通行，是布市这个大都会天然的一隅。

进得园来，满树红花的木棉、根深叶茂的老橡树、倒影湖中的棕榈树和白鹭映入眼帘，沿着红色碎石铺成的小径来到典型西班牙安塔卢西亚式庭院，到处是闲适和宁静。傍晚，古老的街灯下，湖上一条白色的廊桥是情侣们亲密私语的天地。要是秋天来这里，紫花盈冠，满地如毡的金黄落叶散发着悲秋的伤感，个中风情绝不输欧美最美丽的公园。

园中之园玫瑰园栽种着数万株名贵

## 心灵的憩所

公园是城市的起始，也是城市的终结，城中有园，园中有城。在竞相高拔的钢筋水泥楼厦间，蓦然回首见到这么大的一片绿洲，我想任何烦恼焦虑都会须臾忘却抛诸脑后，巴莱尔莫公园就像躁动城市一处恬静的心灵憩所。

巴莱尔莫公园是布市城区最宽阔、环境最适宜的休闲和健身场所。不夸张地说，这里是布市居民的后花园和运动场。每到周末和假日，市民们举家来此散步长跑，儿童乐园为孩子们提供游戏天地。阳光下，或躺在草坪上享受日光浴，或与家人围坐在一起品尝野餐。“狗保姆”牵着成群大小狗狗，远处马术爱好者在草地上走马跑马，年轻人在球场追逐竞技。移民节时各国的移民在这里演

品种的各色玫瑰，赏心悦目香气馥郁。沿着“诗人之路”能看到文豪博尔赫斯和其他名人的胸像。公园一角是异国风情的日本花园，园中精巧的亭台盆栽吸引着游人。附近的植物园栽种着8万株阿根廷原生的和其他珍奇的植物，并设有一所植物博物馆。与之对门的动物园建于1892年，2万多只来自世界各地的动物生活在那里。

Tips

**自行车**

虽然政府没有禁止以自行车作为城市交通工具，但在布宜诺斯艾利斯的街道上绝对看不到骑自行车人，人们骑自行车主要为了健身、娱乐，所以多见于公园、森林。

出不同民族风情的歌舞，展卖不同国家风味的食品小吃。全城各处的居民向这里集中，到处是欢声笑语，到处是盎然生机，给城市增添了无限活力。

布宜诺斯艾利斯是世界绿化最好的城市之一，巴莱尔莫公园就是它最靓丽的一块绿地。

## 一片汪洋都不见

港口夜景

### 滨河大道风光

茫茫一派的拉普拉塔河环抱着布宜诺斯艾利斯城，为首都增添了万般风情。沿数公里长的河岸南北延伸的滨河路，则是城市天然的门面。

据历史记载，1516年西班牙冒险家乘船发现拉普拉塔河口时，把偌宽的河口错当成通往太平洋的海峡，直到12年之后另一支西班牙船队才发现它竟是一汪“甜海”，“海湾”不过是河口。从1874年的老照片看，当时布宜诺斯艾利斯的河滩还是淤泥一片，烂泥滩上架起简易的火车栈道通向港口码头，河边是低矮的厂房和库房。1918年市政当局建成了南滨河浴场，人们趋之若鹜。为了防御风浪，开始在河岸填土砌石建防浪堤并沿堤铺设碎石路。随着栽种树木，架设街灯，兴建广场，南滨河路逐渐成形。

人们沿着长长的林中道路散步慢跑，在宽阔的河堤上观河休闲或悠然垂钓，驻足于隽永的雕塑作品前，沉醉于迷人的演奏中，夏日水面上只见游艇疾驶、白帆竞发。这里成了市民们沐浴阳光河风最佳的散心和运动场所。路边最动人的雕塑当数爱和美女神——维纳斯降生群雕（又名海洋仙女喷泉），艺术家精美的作品唤起人们对海洋的向往，揭示出城市与水的天然渊源。

1924年市政府开始规划北滨河路的修建，并于1936年完成了第一阶段工程。北滨河路一系列岸边建筑中最有特色的是渔夫俱乐部会址。它孑立河中，尖尖的屋顶，白白的墙面，长长的栈桥伸向望不到边的水中。伫立桥头，满目波光粼粼，引起无尽的遐想。对岸就是邻国乌拉圭的河岸，两岸间有气垫船往来。一些高级餐馆就开在附近岸边，因距市中心渐远，这里游人不似南滨河路稠密。

## 繁忙的港口

滨河路中段即是全国第一大港布宜诺斯艾利斯港的起点，港口码头区长达

古帆船

海洋仙女喷泉

10公里，据说全国进口货物的59%、出口的38%在这里吞吐装卸。港区分外港、内港两部分，各有6个船坞。布港是南大西洋重要航运枢纽，连接智利和巴西的邮轮码头就在港区内。内港中著名的马德罗港利用码头原有的货仓改建成商店和餐馆，布市一些著名的烤肉和海鲜饭馆就集中在这里。从此处也可以乘船游览拉普拉塔河风光。港中静静地停泊着一艘以萨米恩托总统命名的三桅古帆船，目前作为博物馆供人参观。滨河路南段外一大片滩涂湿地于1986年被开辟为自然公园和生态保护区，成为水鸟栖居之所，也是居民远足的去处。

Tips

**出租汽车**

走在首都的街头，常常可以看到一种黑身黄顶、颜色醒目的车子，这就是该市的出租汽车。据统计，不算属于布省的郊区，布宜诺斯艾利斯市本身(联邦首都区)共有4.5万辆出租车，平均66个居民一辆，居世界各大城市前列。

# 动物选美大赛

## 百年不衰的盛会

阿根廷以农业立国，是世界知名的农牧业大国。工业化后的阿根廷农业总产值仍占全国总产值的30%，农产品出口额占全国出口总额的60%。阿根廷农产品收成好坏会引起全球粮农市场价格涨跌，而国际市场价格的波动也直接关系到阿根廷人腰包的鼓瘪。阿根廷乡村协会的座右铭是“耕种土地就是报效祖国”，阿根廷农民为国家发展做出的贡献不可磨灭。

每年7月下旬到8月上旬在首都巴莱尔莫展览中心举行的年度农牧展览，是阿根廷农牧业发展的窗口。大展自1886年开办，年年不落，迄今已经120多届了。展览期间倾城观展，观众如潮，周末人们更是举家前往，百看不厌。观众在浏览展品的同时，品尝购物，观赏马术、驯牛表演，欢声笑语，喜气洋洋。农牧大展早已成为阿根廷全民的盛大节日。

## 内容丰富的比赛

展会由久负盛名的阿根廷乡村协会主办，活动内容主要是评选当年最佳种畜和禽兔，竞拍参展牲畜；展示粮农作物良种；展览国产农机和食品加工产品。展期中还组织有关农业政策、农业种植和农机技术、生态农业及市场分析等方面的报告会、研讨会和推介会，广泛开展交流活动。

宽敞的展厅中成百上千健硕无比的肉牛、奶牛、细毛羊、瘦型猪和骏马，甚至羊驼、家鹿，被主人像打扮宠物一样修剪得光鲜夺目、精神焕发，就像选美的明星般，标出各自的号码，平静地摆出POSE，等待着评委们的公正裁决。广场上摆放着颜色鲜艳的各种国产大型农业机械，显示出阿根廷不容小视的农业现代化水平。展销大厅内令人垂涎的肉类、奶类和巧克力食品，展摊上五光十色的皮毛制品，琳琅满目，观众趋之若鹜。

良畜评选落定后择机举行大展开幕式，我有幸应邀参加过2002年那次。总统和全体部长依例悉数到场，外国使节也在主席台一侧就座。马蹄形的看台上旌旗招展，鲜花似海，数千名来自全国各地的观众，不少操外省口音的农牧民代表把两边的看台挤得水泄不通。军乐响起全体高唱国歌，圣马丁骑兵团仪仗队首先列队通过会场，大展组织者、阿乡村协会会长作开幕讲话后，总统简单致辞。之后，在全国各地乡村协会马队引导及观众雷动的欢呼和掌声中，不同品种的牛、马、羊全国冠军披挂蓝白两色（国旗颜色）大花，在主人的牵引或乘骑下趾高气扬地绕场一周。这些参展种畜中的佼佼者和辛勤养育它们的主人一道在大赛中风头出尽，当然在竞拍中也会身价倍增。

一年一度的全国农牧大展，让人看到现代化高速发展的阿根廷那牢牢埋植在肥沃大地中的深根。

**Tips**

**出租车乘坐注意事**

出租车都是沿街兜揽生意，招手即停，没有固定的停车点。如果由于种种原因不方便街头打车，可以打电话到调度中心叫车，15分钟之内便有车开到指定地点。调度中心24小时服务，其电话号码可以从电话号码本上查到。大约一多半的出租车后备箱不能装行李，因为里面装有压缩天然气储气钢瓶。阿根廷政府鼓励出租车以天然气代替汽油柴油，这不但减少空气污染，也符合国家天然气储量大大高于石油的实际。

# 金石唱出的歌

前总统佩勒格里尼塑像

## 深受欧洲文化的熏陶

对比南美许多国家的首都，布宜诺斯艾利斯可以称得上是座雕塑之都。全城1100多处青铜和石头雕塑，为这座南美最富文化气息的城市增色不少。从总统府到大学、博物馆、图书馆和剧院，甚至连建筑的穹顶和拱门上无处不在的雕像，彰显着先贤名仕不朽的人文精神和人们对历史的尊敬。

我们说布宜诺斯艾利斯最像一座欧洲都市，很大程度上缘于它相似的建筑风格，包括完美的装饰布局。遍布城中的雕塑充分体现出阿根廷这个欧洲移民国家的建筑美学和城市文化特点。19世纪末20世纪初是阿根廷经济发展的巅峰时期，也正是欧洲文化时尚更深植根阿根廷的阶段。富有欧洲浪漫主义和现实主义风格的雕塑作品大量问世，是欧洲人文精神和文艺思想深刻影响的写照。

街头小品

## 无处不在的雕塑

广场中心纪念碑上独立先驱圣马丁将军和贝尔格拉诺将军策马傲立的英姿，再现了阿根廷光辉的历史，世代传承着爱国主义和英雄主义的情怀；议会大厦前“献给议会两院”的大型群雕和五月广场自由女神的雕像，表达着阿根廷人民对自由与和平的永恒追求。

矗立在城北巴莱尔莫公园附近的西班牙纪念碑最为雄伟壮观。这组雕像和喷泉由西班牙侨团捐资制作，历时17年才完成，作为阿根廷独立百年的献礼。碑座四周青铜浮雕记录了西班牙殖民者最初开发阿根廷的情景。

最负盛名也最精美的雕塑是坐落在滨河大道南端的“海洋仙女喷泉”，以古罗马神话爱和美之女神维纳斯降生为创意，巨大的贝壳形底盘中三个英俊的男儿力挽跃出水面的骏马，嶙峋巨石上两个美人鱼托起一扇贝壳，维纳斯美丽的身影喷薄而出，轻盈地倚坐其上。艺术家的绝妙构思和精雕细刻为布宜诺斯艾利斯留下这传世之作，它伴随着拉普拉塔河的波涛娓娓诉说着人们对美丽和自然的无限柔情。这件雕塑力作竟

现代雕塑“和平钢花”

出自一位阿根廷女雕塑家之手，洛拉·摩拉以其女性的细腻情感把作品雕刻成美的绝唱。

植物园内掩映草木中的“农神节”组雕，倒影池中的“春天”少女石雕，国会广场内罗丹的“思想者”原模复制铸像，巨大合金花瓣应时开合的现代雕塑“和平钢花”等都是城市雕塑中的精品。

精美的石头会说话，布宜诺斯艾利斯城中栩栩如生的金石雕塑唱响了城市美好和谐的组歌。

**Tips**

**宾馆住宿注意事项**

阿根廷大多数宾馆不提供拖鞋、牙膏和牙刷。在网上预订旅馆的游客如欲取消订房，必须提前48小时，否则旅馆会收取第一天的住宿费。按惯例，房客必须给客房清洁工付小费，一般每天不少于1美元。

# 异色纷呈的“中国街”

中国街揭幕式

春节庙会

## 日久见人心

2006年1月18日，在布宜诺斯艾利斯中国街经营和生活的华侨华人惊喜地发现，贝尔格拉诺区阿里维尼奥斯街即中国街的三个路口，已经装上了步行街告示牌，标明凡周末、节假日和中国新年那里为步行街。该区政府还专门颁布指令将中国街列为旅游景点。这可是当地华侨华人的一大喜讯，也成为当时的社会新闻。我虽然离开阿根廷已好几年，听到这条消息也为侨胞们感到高兴，为华人族群进一步融入阿根廷社会深感欣慰。

阿根廷是拉美少有的人口以移民为主的国家，但来自中国的移民人数则微不足道。据资料载，华侨移居阿始于19世纪末和20世纪初，不过人数不多。1972年中阿建交时侨民仅700人左右。上世纪

70年代以后，海峡两岸来此定居的人数日增，台湾同胞到得早些。目前在阿的华侨华人约有6万之众，其中台胞近1万，是阿根廷的少数族群。

### 红火的中国街

阿里维尼奥斯街位于布市富人住宅区贝尔格拉诺东部，涵盖了三个街区，有300多米之长。街内集中了上百家华侨华人经营的超市、商店、餐馆、咖啡馆、理发店，还有牙医诊所。这里是布市侨胞以及亚裔人士经常光顾的地方，也是阿根廷国内外游客旅游观光的处所。街内数家中国文化中心宣传中华传统文化、教授中文；商场内经销有关中国的书籍、音像制品及文化旅游商品；多家中餐馆让顾客享受地道的中华饮食。每到传统的中国春节，这里举行集市庙会，到处张灯结彩、鞭炮齐鸣，中阿青年一道舞龙舞狮。游人纷至沓来，共同感受中国人浓厚的节日气氛，品尝中国的特色食品小吃。中国街的红火为布宜诺斯艾利斯市增添了几分喜气。

你到布宜诺斯艾利斯别忘了去那里的中国街逛逛，看望老乡，也见证侨胞们与阿根廷人民和谐相处，共谋福祉的情况。

**Tips**

**中央市场**

中央市场离布市市区约5公里，规模庞大，平时批发售货，星期六摆摊零售，价格比市里便宜得多。那里既可以成箱订货，也可以按公斤零买，有时还能讨价还价，而且货物品种齐全，吃穿用一应俱全，特别到周末，更是人山人海。

## 孩子们的天地

### “儿童共和国”

在布宜诺斯艾利斯城南61公里处，有一个占地52公顷的大公园，赫然冠以“儿童共和国”的响亮名称，是孩子们向往的乐土。它是1951年由市政府出资，专门为儿童兴建的公园和活动中心，免费为所有游客敞开大门。

从3号国道下路前行，“儿童共和国”的彩虹大门醒目地出现在眼前。进得门来，迎面是40来幢欧式风格的微缩房屋景观，让你目不暇接。这里有巴黎典雅的宫殿、罗马豪华的宅邸、瑞士阿尔卑斯山庄、俄罗斯东正教圆顶塔楼、德国尖顶农舍……一座座小巧玲珑、精美别致，人们还能进室内参观。来到这里就像进入了一座五彩缤纷的童话世界，美不胜收。

园中的“市区”俨然是首都气派，“共和国”的政府大厦和国会大厦分建在唯一街道的

两端。政府大厦前辟有圣马丁广场，缩小的圣马丁雕像和飘扬的阿根廷国旗，让孩子们自幼就培育起国民意识和对国家历史的尊重。政府大厦内是挂着内阁各部招牌的办公室，国会大厦内参、众议院各有一间扇形会堂，摆放着象征议员席位的小椅。法院和教堂分列国会两旁。法院审判厅中，孩子们在仿真的法官和堂审人员模型中落座，不由得安静下来，在肃穆的气氛中亲临一场轻松案件的审理。

## 在快乐中成长

“郊区”地界中一片茂林青草，碧水涟漪。这里是“儿童共和国”海陆空军基地所在，它们的存在是对孩子们国家意识的继续完善。当然孩子最终还是孩子，他们在广阔的林间草坪以及耕地苗圃上，欢声笑语自由嬉戏，在湖中荡桨扬波，乘小火车钻隧道、越桥梁，方尽显天真活泼的本性。

公园陈列室中还摆放着来自世界各地的1000多件玩具娃娃，从它们不同的肤色和服饰装扮中，孩子们会懂得世界上还有那么多国家、那么多与自己不同的小朋友，大家就像大家庭中兄弟姐妹。阿根廷人习惯将家中的女孩亲昵地称作Chinita（即中国娃娃），以示珍爱。制作精巧的中国

娃娃自然成了娃娃世界的佼佼者，被放在显眼的位置。

“儿童共和国”是阿根廷孩子们的骄傲。每到节假日和周末，大人们常带他们来这里游玩度假。这里同一般儿童游乐园不同的是，它让孩子们在大自然的怀抱里，从游戏娱乐中增长了知识，受到了教育，健康地成长。

Tips

**阿根廷的留学优势**

一、西班牙语的学习是阿根廷留学的一大特色。在阿根廷可以学到纯正地道的西班牙语，而且可以亲身体验欧洲文化和美洲文化和谐的交融。

二、教学质量高。阿根廷是南美受教育程度最高的国家之一，有办学兴学的传统，教育水平高，在拉美地区首屈一指。

三、就业前景可观。

四、学习费用低。与欧洲相比，在阿根廷的学习费用是其五分之一，公立大学免学费(读语言不免)，生活花费也很低。

五、政府允许学生业余工作。

六、签证周期短，准签率高。

# 绿野仙境

## 别有特色的田园游

广阔的潘帕斯平原上有无数的庄园和牧场，为各具特色的田园旅游提供了天地。不仅在布宜诺斯艾利斯郊区，在科尔多瓦等地所有大城市郊区，甚至远在火地岛的小城镇旁都散布着有规模上档次的庄园，吸引着全国乃至世界各地的游客来休闲度假。如果时间有限，不妨安排个田园一日游，也算体验过这“粮仓和肉库”中的感受。

小庄园占地仅三五公顷，大的则有3000~6000公顷之阔。一些大庄园俨然“国中之国”，囊括山头、森林、良田、牧

场，园内还有溪流、湖泊。庄园内建筑风格各异，最古老的庄园有100多年历史。讲究的庄园用花岗岩和进口的意大利大理石筑就，就像宫殿或城堡一样。房舍内古老的精美家具和水晶吊灯，屋主人心爱的古董和艺术摆设，家族的老相片和油画原封不动地摆放着。客人们可以像在自己家一样，享受园内一切设施和环境。可以在这片绿色王国中信马由缰或驾驭马车，可以在湖中乘船、垂钓，可以在一望无际的大草原中亲近牛羊，也可以在园中的草莓地或果树林中快乐采摘……就餐时，围坐在飘香的烧烤架前品尝新鲜的牛羊肉，畅饮醇香的红酒，在静谧和松弛中享受美好的时光。

## "有朋自远方来，不亦乐乎"

我任驻阿根廷大使期间，曾在首都郊区的庄园安排过江泽民主席一行的田园之旅。这一方面是为了让代表团看看阿根廷的农村景色，一方面又可以在轻松自然的环境中满足阿根廷工商企业界朋友与江主席一行见面的强烈愿望。老

朋友、阿中商会主席胡里奥先生以巨大的热情组织了这次别开生面的欢迎聚会，许多阿根廷老朋友和华侨、华人企业家竞相报名参加。那一天，江主席夫妇乘坐马车游览庄园，代表团同阿根廷朋友们济济一堂，欢声笑语共叙友情。大家一起欣赏阿根廷民间艺术家表演的探戈，品尝美味的烤肉和红酒，主人和贵宾都开心地度过了难忘的一天。

说起庄园，不能不提到一位老朋友费尔德曼先生。他那座无人不晓的“东方快车”庄园，多少年来见证了主人与中国人民的深情厚谊。我们平时都把这位永远年轻的老人亲切地称作“老费”，他

是位企业家又是教育家，他在自己占地不大却别有特色的庄园中接待了数十批来自中国部长级的客人，为数位中国大使举行过欢迎或欢送聚会。庄园中最显眼的是一列停在轨道上、建于二三十年代的古老火车。主人专门为列车和庄园冠以“东方列车”之名。这里是一位阿根廷朋友的家，也是一列阿中友谊的快活列车，它在遥远的阿根廷留住了许多中国朋友的心。

Tips

**商务礼俗**

如果到公司或机关访问，或到客商家做客，都必须西装革履，整整齐齐才行。若在餐厅吃晚餐，也要穿西装，结好领带，一副绅士模样。即使你是外地来的观光客，也绝不例外。

在阿根廷，拜访绝对要事先约会。阿国商界流行以握手为礼，交换名片频繁。阿根廷许多商人会说英语，此外，意大利语和德语也是常用“外语”。

# 虎踞河网

河口

## 巴拉那三角洲

要是夏季来布宜诺斯艾利斯，又有较富裕的时间，可以到南美洲第二大河拉普拉塔最大支流巴拉那河三角洲一游。巴拉那河全长4500公里，自三角洲处汇入拉普拉塔河，经过10多万年的冲刷，形成面积达1.9万平方公里的巨大河网地带。350条河流、小溪和水道交叉纵横，长满温带、亚热带林木的大小岛屿星罗棋布。这里负氧离子充足，空气清新，环境优美，是首都近郊著名的风景区之一。

## 虎城，最广阔的度夏去处

三角洲之游的起点是名为“虎城”的一座市镇，距布宜诺斯艾利斯城北仅30公里，已属“大布宜诺斯阿艾利斯”，即同名省的地界。因古时候此地曾有美洲虎出没，故尔得名。自20世纪初始就有富裕人家来此修建避暑别墅，年深日久，整个三角洲都成了人们休闲度假的场所和综合旅游景点。如今风格各异的富人别墅和私人码头遍布岛上，大大小小的豪华游艇比肩云集，水上俱乐部、游船

码头、工艺品集市、旅馆、餐厅、浮筒加油站等旅游服务设施一应俱全。夏日时分，大批布市居民举家来此泛舟游泳消夏。阿根廷人笑谈：夏天一到，富翁飞迈阿密，中产家庭奔银海市，穷哥们只能到虎城泡泡水。

自虎城登船，可选择定时班船和双体游船按固定线路游览，也可单租游艇按要求行船。在温煦的阳光下，迎着扑面的河风，游船如织在河湾港汊中穿行，有的地段水面两岸攀缘植物搭成树桥，船只就像穿过绿色的水中隧道一样别有情趣。

向开阔处驶去，船就来到了巴拉那河流入有“甜海”美称的拉普拉塔河交汇处。在这里停船片刻欣赏两岸风光，然后游船沿着另一条航线折返。沿河道向南再航行250多公里，就可到达世界最宽的拉普拉塔河口。从阿根廷河岸到河对面乌拉圭河岸最宽处直线距离为220公里。

虎城的象征

古老的小酒馆

Tips

**商家营业时间**

银行和外汇兑换所：周一至周五，10：00至15:00；

商店：09:00至20：00，周六大城市关门时间延至凌晨1：00，其他城市周六上午半天营业，周日除大型超市、购物中心外一般不营业；

餐厅：午餐供应时间从12:30开始，晚餐从20：30开始；

咖啡馆和比萨饼店：全天开放，除凌晨2：00至6：00；

邮局：周一至周五，8：00至18：00，周六8：00至13：00。

# 圣母留驻的地方

卢汉大教堂

## 天主教圣地

布宜诺斯艾利斯附近还有处值得一看的地方，那就是全国天主教的圣地卢汉大教堂。这里是红衣主教的教区，教堂建筑宏伟挺拔十分气派，它在阿根廷天主教历史和当今的宗教生活中具有突出地位，吸引着国内外信众和游客接踵而至。

卢汉大教堂正名为卢汉圣母院，始建于120多年前。它的建成与阿根廷两位历史人物和一段宗教传说有关。一位人物是阿历史上的开明总统、著名文学家和教育家萨米恩托，他虽然是位反教权主义者，却同意部分资助教堂工程的兴建；另一位是时任布市红衣主教的阿内依洛斯，他积极推动广建教堂，并于1874年从巴黎请来神父直接筹

卢汉大教堂

建卢汉圣母院。

关于大教堂，还有段宗教传说，则把历史一下子提前了250年。相传1630年，一位家住科尔多瓦的葡萄牙裔庄园主用牛车将制作好的圣母像运往家乡，行至卢汉田野时，圣母显灵，拒绝前进执意留下。于是虔诚的主人只好将圣母像交给当地一位庄园主只身离去。新主人为圣母修建小礼拜堂，派专人照顾烛火。他死后圣母像几经转手让度，却鬼使神差地又回到原地的小教堂中。圣母像的传说不胫而走，天主教会和布市政府在当地隆重举行礼拜。为满足圣母安身卢汉的夙愿，1887年5月11日圣母院奠基兴建。

多年来圣母的光环增添了信徒们对教堂灵验的笃信，招徕更多人来此朝拜。1930年卢汉圣母被尊立为阿根廷、巴拉圭和乌拉圭三国的庇护神，以象征三国的三艘桅船作为徽记，大教堂的名气越出了国界。

## 传统巡游活动

卢汉教堂是一对尖塔组成的哥特式建筑，塔高近百米，外貌壮观独特，室内装潢华丽肃穆，据说窗上的彩色玻璃还是专门从法国运来的。教堂是卢汉市标志性的建筑，在一马平川的潘帕斯平原上突兀耸立，尽显天主教在阿根廷的崇高地位。阿全国居民中将近90%信奉天主教，12月8日圣母日是全国的宗教节

日，来自各地的信众把珍藏的古老圣母像请出教堂，抬着巡游，电视台全场直播节日盛况。

大教堂所在的卢汉市是座有300多年历史的古城，距布宜诺斯艾利斯约67公里，位于5号和7号国道会合处，交通十分便利。

卢汉大教堂细部

*Tips*

**风俗和禁忌**

阿根廷人久别相见，男人互相拥抱，女人则握住对方双手并亲面频。送礼不要送衬衫、领带之类贴身用的物品，阿根廷人喜欢别人夸奖他们的孩子、家里的陈设和他们的菜。避免谈论有争议的宗教、政治问题。可以谈谈体育，特别是足球以及当地的公园。在阿根廷乘火车，若在特等厢或头等厢脱下上衣，打算轻松一下，随车的车长会马上向你提出警告。

# 3

*We all live on the same planet*

# 各地览胜

# 南大西洋的明珠

美丽的海滨城市

## 度假胜地

马德普拉塔市是阿根廷最大的度夏胜地，市名的意译是银海，取意似由拉普拉塔河（即银河）引申而来。它位于布宜诺斯艾利斯省东南沿海，距首都约400公里，陆路和航空交通十分方便。

马市原是少数移民聚居的渔村，1857年建起首家腌肉厂，之后制革、纺织、建筑、油脂加工、畜牧及罐头食品业逐渐发展。1860年后随着来此度假人数增加及休闲别墅纷纷兴建，这里成为海滨消夏城市。1907年马德普拉塔正式设市。如今已经发展成为以旅游业为主的、全国名副其实的“夏都”。盛夏时分，特别是复活节前后长假期间，阿根廷人携家带口驱车前往，常常连公路都拥塞不通，成为当地经年不衰的盛况。

## 银海之城

城市前面是一大片平静的海湾，8公里长、平缓延伸海中数百米的浅滩给蜂拥而至的游客提供了理想的戏水场地。沿岸一座座现代的高层旅店和商业大楼，与坡地上鳞次栉比的古典式雅致别墅相映成趣。每年11月至3月是这里旅游的黄金季节，仅40多万人口的城市要接待多达400万旅客。当地的旅店、餐馆、夜总会、影剧院、出租屋以及车船交通等一应服务行业无不全力以赴，在这银海之城都能赚个钵溢盆满。

那段时光，白天向湾中望去，岸上、水中到处是密密麻麻的人群，沙滩同时可容纳20万人，就像下饺子一样；五颜六色的阳伞棚和白色的遮阳椅装点其间；远处点点白帆竞发、条条快艇疾驶，呈现出万人海天竞自由的欢乐景象。入夜，半圆形的海滨大道路灯通明，就像一道长长的光环。全城的娱乐场所、商店、餐馆和咖啡店绚丽的霓虹灯闪烁，把整个银海市变成了不夜之城。

游艇码头

设在市中心岸边的一幢欧式风格豪华大厦，是世界最大的赌场之一。它属国家所有，收益用于全民福利事业。巨型的赌场大厅各种赌具俱全，足足占了赌城的一层楼面，平均每晚接纳3万多赌客。赌场从夜幕降临一直营业到次日拂晓，真是通宵达旦。

## 节日盛会

作为阿重要的渔港，每年12月海洋节，马德普拉塔市都要举行盛大的庆祝活动。海上有许多彩旗招展的黄色渔船劈风斩浪巡游欢庆；主船上满载乘客，当选的海洋皇后头戴后冠，身披红袍站在船头向大家频频招手；鲜花丛中耶稣立像保佑渔民们全年平安、鱼儿满舱。接踵而至的是2月“渔民节”。

圣克莱门特海洋公园

赌场

每年一度拉美最重要的国际电影节也在马市举行，这是阿根廷和全拉美电影人的盛会。一些昔日的豪宅变成城市的文化艺术中心，我曾在那里为中国绘画展剪彩揭幕。

Tips

**圣克莱门特海洋公园**

距马市不远的圣克莱门特海洋公园是享誉国内外的著名景点。黑白相间的虎鲸和白色的海豚在水池中表演高超的技巧，海狮表演搞笑小品之余还拥吻游客赚点“外快”。企鹅园、海狼馆、南方火鹤塘，水上摩托和快艇表演，观看海洋动物为题的宽银幕立体电影都是引人入胜的参观项目。这座占地17公顷，生活着四五百只海洋动物的园地是拉美最大的海洋公园。自1978年成立以来接待了成千上万的游客，尤其受到少年儿童的热烈欢迎。

## 工业重镇闻书香

古老的教堂

# 古城科尔多瓦

科尔多瓦市是阿根廷的第二大城，又地处全国的心脏，虽然从人口数量看与罗萨里奥不分伯仲，可从其在阿政治、经济和文化上的重要性讲，说它全国老二确实当之无愧。它是同名省的省会，人口100多万。位于潘帕斯平原西北普里梅罗河畔，海拔为472米。从地理上讲，科尔多瓦恰是安第斯山麓的边缘又是潘帕斯平原起始的地方；从人文上讲，它正是安第斯印加文化、潘帕斯高乔文化和19世纪末大量移民带来的欧洲文化在阿根廷的交汇之处。这些独特的条件为当地带来丰富的旅游资源和多彩的民俗文化看点。

科尔多瓦是阿根廷历史上古老的居民点之一。1573年始建，17世纪成为西班牙耶稣会在当地宗教和经济中心。1783年成为西班牙总督辖下8个行政区之一的首府。1810年五月革命时期这里曾是王室支持者对抗独立派的大本营。独立

耶稣会庄园

战争中在此兴建了白刃武器工场，为贝尔格拉诺将军率领的义军提供刀剑。科尔多瓦建于18世纪的耶稣会城区、大教堂、隐修院、科尔多瓦国立大学、蒙特塞拉特国立中学原址以及附近的耶稣会庄园等，2000年被联合国教科文组织宣布为人类文化遗产，均为当地著名的旅游景点。

## 工业重镇与文教中心

科尔多瓦是阿根廷的第二大工业重镇，也是阿中部陆路交通的枢纽，1869年就建起了第一条铁路。19世纪末南美最早大坝之一的圣洛克水坝建成，1944年在其下游建起阿第一座水电站，为当地工商业和农业发展提供了方便。20世纪中叶科尔多瓦工业增速比全国平均高出33%，工业人口曾占全城人口的75%左右。这里的飞机、汽车和农机制造，纺织、皮革、制鞋、玻璃和食品加工，在全国名列前茅。

城门

耶稣会教堂

科尔多瓦还是首都之后重要的文化教育中心。科尔多瓦大学是阿最古老的大学，在拉美仅晚于秘鲁首都利马的圣马科斯大学，排名第二，1622年正式建校。现设文、法、理、工、农、医等10系数十种专业，是一所综合的现代化高等学府。学生人数约9万名。大学还附设天文台、研究中心等进行专题科研和实验。从这所历史久远的大学走出大批的社会英才，光共和国总统就有5位之多。科尔多瓦大学为阿根廷，特别是中西部地区的发展和进步做出了重要贡献。

## 中国街

科尔多瓦有条新建的中国街，2002年，我作为中国大使曾应时任科尔多瓦市长盛情邀请，专程去那里参加街道命名典礼，并出席在市政厅举行的中国摄影艺术展揭幕活动。科尔多瓦市人民对中国人民的友好情谊，以及当地阿中文协朋友们积极开展友好活动的热情给我留下了深刻的印象。人们说，从科尔多瓦向地心垂直凿个隧道，地球那头会正好从中国的武汉破土。中阿两国虽然远隔千山万水，两国人民的友好关系却与日俱增越来越紧密。

Tips

**避暑胜地卡洛斯帕斯城**

距科尔多瓦38公里处的卡洛斯帕斯城则是阿根廷著名的避暑胜地。这个只有四五万常住人口的小城，每年夏天却要接待上百万的八方游客。阿根廷的传奇人物切·格瓦拉就出生在此地。那里山清水秀，2500公顷的圣罗克湖是水上运动的绝佳去处。

# 第一面国旗升起的地方

国旗纪念碑背面

## 优越的地理条件

提起罗萨里奥市，人们都知道那是阿根廷独立英雄贝尔格拉诺将军设计的国旗首次升起的地方。城市位于首都西北300多公里的潘帕斯平原深处，拉普拉塔河最大支流巴拉那河的西岸。人口超过百万，是阿根廷第三大城市。

罗萨里奥四周是连绵的良田沃土，加上丰沛的水力资源使这里成为阿著名的农牧地区。水量丰富的巴拉那河在这里由600米陡然展宽至2000米，城市正好位于水深稳定的主航道岸边，形成了天然的良港，万吨海轮可自大西洋溯河而上直至罗港。地处内陆的巴拉圭也视其为外贸出口最重要的港口。这条河海航线连接穿越安第斯山直达智利的跨国铁路线，便利的交通走廊把大西洋

纪念碑下的长明火

国旗纪念碑

和太平洋连在一起。区位优势和交通枢纽地位，使罗萨里奥成为该地区农牧产品的集散地和外贸中心，在相当长的时间内保持着世界最大粮食出口港的地位；也推动了食品、肉类加工、钢材、冷冻设备、农机、化学等工业的发展。

## 差点成为首都

罗萨里奥18世纪初只是巴拉那河边一座要塞，附近小村镇主要靠河上走私营生。大量欧洲移民（意大利人占66%）的涌入和农牧业的发展，带动河运的兴旺，至1874年它已经成为南美主要港口

18个州。欧洲国家和美国在罗设立领馆或商务办事处，7家外国银行在此设立分行。

令人眼花缭乱的繁华带来了文化艺术的兴旺和城市的发展，1876年阿根廷首家报纸《首都报》在此创刊，歌剧院、交响乐队、俱乐部、博物馆应运而生，一座生机勃勃、豪华现代的都市蓦然耸立在阿根廷的大地上。用当地人的话形容，那真叫“土围子一下铺上了柏油路”换了人间。1868年阿议会通过议案把首都定在罗萨里奥，遭米特雷总统否决，次年议会再次批准议案又遭否决。不然这里差点成为阿根廷的国都呢！

## 光辉永存

罗萨里奥是阿根廷历史上光辉永存的英雄城市。1812年2月27日，当地居民制作了由贝尔格拉诺将军亲自设计的第一面国旗，并在河岸边的炮兵阵地上

国旗纪念碑雕塑

之一。1852年乌尔基萨总统颁令在此设市，1860年正式建市。此后的30年间，罗萨里奥就像吸引全国乃至国外人力、财力的磁铁，成为潘帕斯平原上发展最快的城市，创造了当时震惊欧美的经济成长奇迹。居民暴富，人均收入世界排名位居德、奥之间，远高出美国的

罗萨里奥的大桥

罗萨里奥城区

首次升起。将军策马挥刀检阅义军，在迎风飘扬的蓝白旗帜下，将士们誓师为赢得南美的自由独立誓死奋战。1957年6月20日巴拉那河边国旗公园中建起一座雄伟庄严的国旗纪念碑，作为这段光荣历史的不朽见证。纪念碑正面30米高的旗杆上一面巨大国旗迎风舒卷，旗心金色太阳据说是当地妇女亲手绣成。主碑后面希腊神庙式建筑的地下是旗帜陈列馆，展示所有美洲国家的国旗、国徽和国花。贝尔格拉诺将军的忌日6月20日是法定的国旗日。每年全国各地都举行隆重纪念活动，罗萨里奥则在此前后以国旗广场为中心举行国旗周一系列宗

教和文化活动。

Tips

### 国旗纪念碑

国旗纪念碑矗立在巴拉那河边的国旗公园里，是城市的标志性建筑。为了纪念国旗的诞生，1957年6月20日国旗纪念碑在罗萨里奥市中心落成。

整个纪念碑由三个部分组成。从河岸望过去，正面是长方形的纪念碑主体，以未经打磨的石灰岩构成。纪念碑主体的前端有一个船头形的突出部。乘风破浪的船头象征着祖国在永恒之海里驶向更美好的未来。船头两边各有一尊半卧石雕人像，他们是分别代表巴拉那河与大西洋的水神，暗含了阿根廷的地理特征。船头之上昂首站立着铜雕的旗手，指引着祖国航船的方向。船头中部刻着这样一行字：“祖国向她的旗帜致敬”。主碑体半腰两边，各有一尊青铜人物雕像，左边的象征潘帕斯平原，右边的代表安第斯山脉。碑体四面的图案代表着阿根廷的自然地理，东面是一轮初升的太阳，北面是自然资源，西面是安第斯山的矿藏，南面是南十字星座。碑体基座上的四幅浮雕描绘了关于国旗的几个历史画面。

在主碑体的后面，与其相对而立的是一座古希腊风格的列柱门廊，由两列高大的方形石柱组成，列柱门廊四角有四组雕塑，象征着美洲的四个历史时期，也正是阿根廷历史的浓缩。

门廊中央点燃着“阿根廷之火”。长明火下面，安葬着独立战争中牺牲战士的遗骨。

# 西北风光分外娇

印加文化遗迹

## “革命老区”

你可知道，阿根廷西北部和西部安第斯山麓也有一片“革命老区”，那里的图库曼、萨尔塔和门多萨在阿独立战争中都曾风云际会、声名赫赫，演绎过惊天动地的斗争故事。那里还是阿根廷民族文化三条

图库曼立宪会议旧址，1816年阿根廷的独立宣言在此签署

支脉（即安第斯印加文化、高乔文化和欧洲移民文化）中最古老一支的发祥地。据考古发现，1.2万年前门多萨就生活着印第安土著先民，已经会制作雏形的陶土器；图库曼博物馆中陈列着类似西安半坡出土的陶制用具；萨尔塔地区的山崖上至今保留着古老先民刻下的岩画。

圣佛朗西斯科教堂的钟楼

## “共和国的花园”

图库曼是阿面积最小的省份，省会图库曼市约40万人口，是西北地区经济和文化中心。亚热带气候孕育出丰富的植物物种，到处一片葱绿，生机盎然。难

圣佛朗西斯科教堂钟楼夜景

立宪会议浮雕

怪诗人总统萨米恩托视察西北时会盛赞这里是“共和国的花园”！漫山遍野的甘蔗园是一道美丽的风景。该省的制糖业已有约180年的历史，上世纪90年代糖产量占全国的80%左右。

“独立摇篮”图库曼市是著名的历史古城，其名来自土著盖丘阿语，意为“大地尽头”、“水源”或“图库马酋长的土地”。地处安第斯山通向平原地区的战略要道，1812年贝尔格拉诺将军率众

门多萨的安第斯军纪念碑

在此取得了独立义军首次大捷。1816年拉普拉塔省（阿根廷共和国前身）立宪会议在这里举行，并于7月9日庄严宣布正式脱离宗主国独立。当年立宪会议旧址——独立宫、召开会议的宣誓厅于1941年重建后被宣布为国家文物。每年2月历时三天的"大地母亲"节风情古朴，吸引大批游客前往观赏。

## "云中快车"山间游

多山的萨尔塔省东北西三面分别与巴拉圭、玻利维亚和智利接壤，是阿根廷西北的战略要地。省会萨尔塔市人口30万，其名出自土著阿伊玛拉语，意为"多石之地"或"美丽之地"。这里是全国著名的旅游区之一。

萨尔塔城内高楼稀少，街道保留着老城风貌。圣佛朗西斯科双顶教堂已有250年以上的历史，钟楼达53米，为南美洲之最。年代久远的圣母像、中世纪古籍珍本、1813年追思阵亡将士用大炮铸成的"祖国"大钟，都是教堂现存的历史和艺术珍品。1941年政府将该教堂和1783年建成的市政厅一并宣布为国家文物。另一座意大利古典风格的萨尔塔教堂，双钟楼并立，内部装饰流光溢彩。教堂内集体墓葬中埋有独立战争名将、高乔义军统领圭梅斯和当地爱国名媛古卢查夫人的遗骨。1947年该教堂被宣布为国家文物。城边山脚下圭梅斯将军纪念碑及萨尔塔战役（1813年2月20日）纪念碑见证着萨尔塔在阿独立斗争史上的光辉地位。

"云中快车"行则是当地旅游的特色节目。20世纪上半叶建成的这段铁路号称当今世界四大最高铁路之一。每年4–10月的周六自萨尔塔市发车，朝安第

云中快车

斯山深处蜿行217公里，来回约15小时。沿途高桥深渊、列车在白云峻岭间龙蛇隐现，险得令人咋舌，终点波尔沃里亚大桥海拔达4200米。我于2002年曾与越、马、泰三国大使一道应省长之邀访问该省，因费时太长未及亲身体会"云中快车"之旅的快乐，也是一件憾事。

## 安第斯山麓葡萄酒乡

葡萄节

门多萨是阿根廷乃至世界驰名的葡萄酒乡。位于阿西部安第斯山脉中段，是通向智利的重要门户。西半球最高山峰阿空加瓜(6959米)就在该省与智利交界处。虽然气候干燥，但当地自古采用类似吐鲁番"坎儿井"的节水渠道灌溉，加上日照充足，这里成为阿最重要的葡萄种植园区和葡萄酒酿制中心。全省有近4万个葡萄园，占地约20万公顷；1700余家酒厂，年产近百万吨，占全国葡萄酒产量2/3，产品远销世界各地。我1974年首次访阿时来过门多萨，领略过"葡萄酒王国"欢庆葡萄节的盛况和阿根廷人豪饮的习俗，至今难忘。

省会门多萨市人口约15万，是座秀

丽的山城。1817年1月圣马丁发奇兵翻越海拔6000多米的安第斯山，一举解放智利，成为世界军事史上的奇迹。如今俯瞰全市的光荣(Gloria)山顶耸立着解放智利纪念碑，一组巨石和青铜群雕生动再现了这段恢宏的历史。附近依山而建的露天剧场是每年2–3月全国

葡萄节

葡萄节盛大演出场地。

门多萨省内海拔4099米的乌斯帕亚塔山口竖有巨大的"安第斯基督"塑像，周围诸多山口是登山远足的乐园；天然山势形成的"印加桥"自古是阿智两国的联系纽带，附近的富硫温泉是夏季山地疗养的胜地。

Tips

**阿空加瓜峰**

海拔约6959米，是南美洲最高峰，世界最高的死火山，绰号"美洲巨人"。"阿空加瓜"在瓦皮族语中是"巨人瞭望台"的意思。山顶西侧因降水较少，没有终年积雪。山麓多温泉，附近著名的自然奇观印加桥为疗养和旅游胜地。

# 世界最南端的城市

乌斯怀亚

## 小城春秋

如果你在阿根廷的旅游日程较长，不妨到人称“世界尽头”的火地岛和世界最南端的城市乌斯怀亚看看。乌斯怀亚是火地岛——阿根廷最南行政区的首府，也是阿漫长的3号国道的终点，距首都布宜诺斯艾利斯3228公里。乌市地理坐标为南纬54°49′，应当是地球位置最南端的城市。

乌斯怀亚原本是个不大的渔港，居民主要以捕鱼、伐木和狩猎为生。1972年以来，由于火地岛被中央政府开辟为免税区，推行特殊政策，鼓励企业家到此设厂；加上火地岛附近海域发现并开采石油、天然气，大大增加了地区的发展余地，乌斯怀亚的人口已从几千人增加到四五万人。远在天涯有亲人，上广电集团已在此设厂多年，以国产元件组装彩电对阿出口。中鲁渔业在此

南极游览船

火地岛地图

有捕鱼船队，就地生产鱼糜和鱼粉。

乌斯怀亚是当地土著语“向西的海湾”之意，地处东火地岛（阿属）南部，背靠纵贯南美大陆的安第斯山脉，面朝大西洋与太平洋间的天然水道比格尔海峡。小城依山傍海，城中建筑多为低层楼房，有些是铁皮顶木板墙筑就的简易房舍，由于漆成红白二色，颇为醒目。山脚下有缆车载客上山，登高鸟瞰整个城市的美丽景色。海边是客货船码头，港口水深8米，可停泊万吨级轮船。许多国家在附近海域捕捞的渔船也停泊在那里。每到夏季，港湾中停满了从世界各地驶来的豪华游船。旅游公司开辟乘船南极游的项目招揽顾客，沿比格尔海峡航行，可参观“最后十米”岛、最南的灯塔、海狼岛。湖滨大道旁多为商店、餐

世界尽头的灯塔

南极游览船

洋面上漂浮的冰山

馆。闻名遐迩的“蜘蛛蟹”是当地菜谱中的美味食材。

## “世界尽头”的火车

自乌斯怀亚沿3号国道西行8公里左右，就来到名为“世界尽头”的火车站。漆成黑、红、绿、蓝不同颜色的老式蒸汽机车，拖着节数不多的宽敞车厢，每天上、下午各两班，把乘客载往占地63000公顷的火地岛国家公园游览。往返时间为1小时40分钟。

旅行沿着缓缓流淌的皮波河进行。小火车吞吐着白色蒸汽，拉响汽笛，悠长的声音在长满山毛榉、樱桃木和白桂皮树的山坡回荡。在河滩地带，能够看到海狸鼠在河道中挖洞筑巢，把河边树木嗑成尖柱形状；秋天时分，树叶红、黄、绿色交相辉映，让人陶醉。火车驶入河谷地段，能看到瀑布和当地土著亚马纳人的木舍。火车继续前行，驶过一片宽阔的泥炭矿带。多少世纪以来，丰富的断木落

世界尽头的火车

叶一层层地在含酸性的水中腐烂，生成了泥炭。列车转了一个大弯最后停在茂林环绕的终点——火地岛国家公园站。从这里可以去清澈见底的罗卡湖体验高峡平湖的空灵，也可以去恩塞纳达驻足宽阔的比格尔水道岸边，面对两洋交汇感叹逝者如斯的悠远，还可以去拉帕塔亚河滩享受巨鹰岭下蓝天白云的恬静。

火地岛直到上世纪40年代一直是阿根廷关押罪犯的蛮荒之地，“世界尽头”列车则是当年运送服役犯人进山伐木的交通工具。今天这里已是旅游胜地，乘坐列车也成为八方游客来岛观光的美好享受，世道的变化怎不令人感慨良多。

Tips

**火地岛国家公园**

火地岛的风光别具一格，雪山重峦叠嶂，湖泊星罗棋布，森林密布，风光秀美。火地岛的夏天是最美的，白天长达近20个小时，半夜23时太阳才落入海面，凌晨4-5时，太阳又升起。岛上的动植物资源保存较好，岛上有不怕人的海豹和企鹅，有优良品种的羊和众多的野兔，茂盛的山毛榉树构成了森林的主体。在岛南面的比格尔海峡一带，还时常有巨大、珍贵的蓝鲸出没。另外，火地岛的土著奥那族人的流浪式生活和风俗也独具特色。特殊的地域、神奇的自然和人文景观，吸引了来自世界的旅游者来此观光。阿根廷于1960年在岛上建立了国家公园。

# 阿根廷大冰川

## 百万年的自然奇观

你要是问阿根廷最美的景点在哪里，我可能会给你好几种答案。可你要问最令人震撼的景点在哪里，我会毫不犹豫地告诉你，就在南部巴塔哥尼亚台地上的大冰川。

阿根廷的冰川区主要由莫雷诺、乌普萨拉等13条大冰川组成，它们均发源于纵贯大陆南北的安第斯山脉，均汇入全国最大的阿根廷湖中。1937年阿政府颁布法令在此建立国家公园，1981年联合国宣布它为人类自然遗产。我在阿根廷期间，也只是去过一次，机会难得，值得终生回味。

生成于200多万年至1万年前第四冰河期的条条冰川，其壮丽的景色，对于久居大城市的你我来说确有一种强大的震撼力，在受到山舞银蛇、原驰蜡象的巨大视觉冲击的同时，会对大自然的雄

奇伟大蓦然产生顶礼膜拜的冲动。仿佛飞速超越了百万年的时空隧道，亲历着历史在空灵中顷刻凝结成无限，深深地感到个人的渺小和脆弱。而当你沉迷于一片圣洁时，又会惊讶地发现，人类活动造成的大气污染竟然在如此偏远的净土也留下了斑斑劣迹，使冰川边缘的表面蒙上灰黑、使冰川的融化和崩塌加速，不能不对人类给大地母亲造成的伤害而备感愧疚。

## 仍在生长的莫雷诺冰川

莫雷诺冰川是世上少数仍然在生长的冰川，也是可以靠得最近的冰川。下汽车进了公园门，沿着蜿蜒的木栈道前行不远，号称全球八大自然景观之一的莫雷诺冰川就矗立面前。可以从不同高度和角度，或鸟瞰或仰望，只有几十米间隔的冰雪大坝，好像伸手可及。晶莹陡直的冰崖闪着寒气逼人的蓝光，戛然静止在深邃的湖水中。

莫雷诺冰川长40公里，宽5公里，高达60多米，面积近250平方公里。站在观景台上，能看到裂开的冰沟和融化的冰窟向远山伸延，能听到不同方位间传来低沉的隆隆轰鸣。

若干年前，每三四年这里就经历一

次惊天动地的大崩塌，据说历时延续3日。硕大的冰川自几十米高处轰然垮下，激起的巨澜此起彼伏连成一片，声响传到16公里以外。遗憾的是，近些年来，壮观的大崩塌次数愈减。气象专家认为，地球变暖使冰川冻结变缓、融化加速，造成大崩塌必需的重压不再，多化为零星不断的小崩落，自然会大煞风景了。

## 乌普萨拉冰川的浮冰圆舞曲

乌普萨拉是当地最大的冰川，需要乘游船前往。它长约50公里，比莫雷诺冰川宽出一倍，冰坝高近百米，面积达上千平方公里。从安全考虑，船必须停在距冰坝800米之外，人们自船上仰视面前压顶的庞大冰山，不由屏住呼吸，不敢作响。

冰山前长达十多公里的湖面上，漂浮着崩塌下来体积不一、形状各异的浮冰。有的巨如浮岛，上面屹立着城堡、灯

Tips

**冰川游**

如果要安排阿根廷的冰川游，一要选南半球的夏天，即12月至次年4月间成行；二要在日程中起码为此游留下4天的时间，不然是无法安排成行的。

从布宜诺斯艾利斯可乘飞机到卡拉法特镇，再从镇上汽车站乘每天两趟的班车进入国家冰川公园，直接来到距莫雷诺冰川很近的地方，其他冰川则要乘价格昂贵的船，没有陆路可达。

冰川附近没有住宿设施，游客都住在卡拉法特镇，每当旺季高峰期(12月-次年1月)的节假日或周末房间都很紧张，最好提前预订。

塔；有的状似鲸鱼或巨象，通体晶莹剔透，在阳光和湖水的折射下，展现出蓝色光谱的所有变化，把人们带入梦幻般的童话世界。人在船上，船行冰中，仿佛加入到美妙的浮冰圆舞曲之中，流连忘返。

来到这里，最好准备一瓶香醇的威士忌酒，从小溪中再取上些万年结成的冰块，和朋友们一道畅饮几杯，这定会成为你一生最美好的回忆之一。

# 疑是银河落九天

## 十步一景皆情趣

不管是到阿根廷还是到巴西，伊瓜苏大瀑布是不可不看的主要景点之一。我曾多次造访过那里，每次来到它身旁，总会对大自然的神奇力量和无穷造化而唏嘘。我完全同意一位记者朋友的评语：那里十步一景，景景都有不同情趣。

如果有时间，最好能从两侧观瀑，这样才会对伊瓜苏大瀑布有个全面的，也是完美的印象。

自巴西一侧看，可以沿着蜿蜒上下的栈道一会儿深入河中，一会儿返回岩壁。从远处正面瞻仰大瀑布最宽一段的壮观景色，前方的“魔鬼之喉”、乌尼翁(团结之意)和密特莱三大瀑布像垂落的天幕，连成一片。你甚至能钻到最危险的“魔鬼之喉”瀑布下面，仰望大水自天

而降的奇观。因一行多处于河谷之中，最好一直穿着雨披，不然水流、水点，甚至腾起的水汽，总会打湿衣衫。

自阿根廷一侧，可以走过3公里长

的水上栈道，尽览伊瓜苏泱泱四溢的河面和它坠入河谷前的徐缓平静。栈道尽头是距“魔鬼之喉”主瀑仅二三十米处的平台。从绝壁边缘看前面比你略高处巨瀑轰然一落千丈。大音希声，你甚至会倏尔失聪。崖壁将巨流一分为九，就像九条翻飞的巨龙，一泻谷底。一边欣赏这银河挂前川的独特景色，一边听四周巨流倾泻发出的震天轰鸣，正是一种绝无仅有的体验。转身向长长的河谷张望，落瀑升腾起如云似雾的冲天水气，在阳光下漾起七彩的虹霓。

沿着2.7公里长河谷边的山道徐行，丰水季节可以看到275条大小形状各异的瀑布落入谷中。它们或似悬帘，或似浣纱，有些直泻谷底，有些跌宕回转，有些比翼双飞，有些细流涓涓。汇入河谷，一路奔腾喧嚣向下游湍急流去。要是你胆

量够大，还可以套上救生衣乘坐快艇参加“丛林冒险”，逆水而上，向靠近瀑布落点处冲击。不过即使你身着雨衣，往往也会被浇成落汤鸡，铩羽而归。

## 绿色走廊的和谐乐章

伊瓜苏是当地印第安土著瓜拉尼语大水的意思。传说从前，土著人酋长一位美丽的千金抗婚殉情，她为情人痛哭流出的伤心泪水，化成了连绵不断的飞瀑。事实上，瀑布形成于10万年前下游巴拉那河段的一次地层断裂。水面急速下降约80米，在汇入伊瓜苏河口处，永久性地留下了这片40—80米落差不等的瀑布群落。这就是可与尼亚加拉大瀑布和维多利亚大瀑布相媲美的、世界著名自然

景观——伊瓜苏大瀑布。1928年阿根廷政府明令，将伊瓜苏瀑布周围67620公顷土地和森林划为国家公园，予以重点保护。联合国教科文组织将阿根廷和巴西共有的伊瓜苏大瀑布国家公园宣布为人类自然遗产，每年吸引成千上万的游客前来观瞻。

当飞机在瀑布区上空盘旋时，你一

定会对这一地区良好的生态环境赞叹不已。周边的阿根廷和巴西，多年来在爱护自然环境方面不懈努力，妥善处理发展旅游和保护自然间的关系，对于保持水土资源，维护自然生态平衡，维护生物物种多样性，以及预防濒危动植物种消失，实在是功不可没。可喜的是，瀑布所在的米西奥内斯省还在1999年专门出台一项建立“绿色走廊”的环保法令，把现有的伊瓜苏国家公园同乌拉瓜依省级公园以及亚波第生物圈保护区连成一片。这将是巴拉那河流域为世界留下的最后一片原始野生林，面积达10万公顷，连绵不断。濒临灭绝的美洲虎、貘、食蚁兽和鹰等珍稀动物将得以繁衍，当地的印第安土著农民将免受水土流失和泥石流灾害，获得一个和谐生存的环境。在这条绿色走廊，将再次奏响人类和自然和谐相处的美妙乐章。

Tips

**伊瓜苏瀑布游览路线**

在阿根廷游览瀑布，有两条旅游线路，可以看到瀑布的不同景象。一路称上路，即阿根廷在瀑布上游修有一座绿色栏杆小桥，长3000米，桥面蜿蜒曲折，可达瀑布边缘，游人站在桥上，凭栏俯视，可以看见伊瓜苏河注入巴拉那河的壮观景象；另一路以观魔鬼峡瀑布为主，这一段瀑布像一把张开的折扇，在它跌落山谷以后，就成为一条狭窄湍急的河道，而这段河道就是阿根廷和巴西两国的国界。在阿根廷境内有米特莱、贝尔格拉诺等4条瀑布，在巴西境内有费洛里亚诺等5条瀑布。9条瀑布凌空倾泻，下赴绝涧。每当晴空万里、阳光灿烂之际，光线投射到瀑布上，变幻为彩虹万道，使整个山谷变成一个仙国梦境。

# 胜似瑞士的湖光山色

## 风光不与四时同

从地图上看，巴里洛切只是阿根廷一座小城，可它周围的纳韦尔瓦皮国家公园却是南美洲著名的旅游去处，景区被人誉为“南美洲的瑞士”。我曾数次到访此地，深为其绝美的湖光山色所陶醉。我看它更多自然天成，景色胜似瑞士。

巴里洛切市所在的纳韦尔瓦皮国家公园，位于阿根廷西南部里奥内格罗省安第斯山东麓，与智利毗邻。名为“虎踞之岛”之意，形容其山形水势俊秀雄奇。同名的湖泊是此地最著名的景点，属典型的高山湖泊，面积达546平方公里，湖面最长处有76公里，严冬也不封冻。景区内雪山幽湖，绿树掩映，景致随四季变换着色彩和风姿。

春夏时分青山茂草，游客纷至。既可策马深山，在漫山的原始森林中曲径探幽，也可到静谧的湖中垂钓虹鳟，或去湍急的溪流中自由漂流。秋天是最美丽的季节之一，人们在满山红枫黄桦的缤纷色彩中，徜徉天然氧吧，享受回归自然的乐趣。你要是位摄影高手，在这里一定能拍出超一流的风景

树林里的木屋

照片。冬季，这里南半球驰名的“主教山”滑雪场是冰雪健儿的戏雪天堂。

不论是何季节，乘船游湖都是必不可少的节目。游船划破幽蓝深邃的湖面，白鸥逐船自游客手中啄食。远处终年不化的雪山和湖边参天的绿树，构成浓墨重彩的美丽画卷。湖中的维多利亚岛林木茂盛，特有的白松林秀木独挺。

## 景在城中，城在景内

巴里洛切市海拔790米，依山傍湖而建。房屋建筑保留着鲜明的阿尔卑斯山村风格，斜顶的木制板房，小巧美观色彩素雅。全城仅有10万居民，每年可接待60万名游客。市中心滨临湖畔，石面砌成的市政厅和教堂风格独特。当地的特产是家制的巧克力和玫瑰精油。每年隆冬8月举行“冰雪节”，开幕式“冰雪女王”选秀掀起高潮，继之历时半月的滑雪、冰球、赛艇、越野摩托等比赛竞相展开，压轴好戏当数劈木墩竞技，大力士的角力再现其欧洲先祖的遗风。

这里有多种级别的旅馆供人下榻。讲究的五星级大旅馆瑶瑶

巴里洛切小城

(LLAOLLAO,大木结之意)坐落在距城市25公里一片坡地上,它正面宽数百米,就像一座红顶白墙的木制城堡,与背后的雪山和前面的幽湖浑然一体。漫坡杂花生树绿草如茵,岸上野鸭鸥鸟成群信步,构成了又一处绝佳风景。市内、景点附近设有不少家庭式客店和度假小屋,供游客选择。

巴里洛切有些像杭州,景在城中,城在景内。只不过这里景要大得多,而且几乎全是自然景观,少见人工雕琢;人却少得多,游客活动空间无限,舒适度要高得多。这里除去乘车船、坐缆车和食宿,享受任何一处自然风景,游客是不再花钱的。

我想阿根廷自然景区的管理经验的确值得借鉴,在80多年依法设立的国家公园体制下,大力限制自然景区的城镇发展规模,弘扬景区环境保护意识,提高公民爱护自然的素质水准,加上严格的景区管理协调,才带来人和自然的高度和谐,使得上天赐予人类的美丽造化,能够不竭地为一代代人造福下去。

Tips

**巴里洛切旅游**

布宜诺斯艾利斯和巴里洛切间空中往来十分便利,每日有多次航班往返。只要2小时20分钟,就可以乘机抵达这里。巴里洛切一年四季都可提供不同的旅游以及休闲活动。春夏是户外活动的最佳时机,到了冬天,此地的“教堂峰”更是成为全南美洲的滑雪胜地。当地除了有美丽的自然景色之外,亦有著名的巧克力,是最好的纪念品。

# 七彩山峦

## 民族脊梁

从世界地图上可以看到，绵长的安第斯山脉纵贯南美大陆南北，在阿根廷内长约1680公里，宽约400至680公里，山区总面积为88.8万平方公里。安第斯山系涵盖胡胡依、萨尔塔、卡塔马卡、拉里奥哈、圣胡安、门多萨、图库曼、圣路易斯、圣地亚哥德埃斯特罗以及科尔多瓦等省的全部或部分地域。

望着莽莽安第斯山脉，你会顿然省悟：它就是阿根廷民族的脊梁。独立战争时义军在这里取得首战大捷，立宪会议在这里郑重宣布阿根廷独立，圣马丁将军在这里出奇兵飞越关山一举解放智利……安第斯山区和那里的人民为阿根廷共和国的诞生和成长立下了卓著功勋。

## 会跳舞的石头

从夏季的卫星云图上看这一段安第斯山地貌，你会对它跃动的丰富色彩印象深刻，那里的峰峦峡谷跳出了色彩

缤纷的自然之舞。在阿根廷观石光山色是特色旅游的一道风景。亿万年的天工造化雕琢出安第斯山麓独特的景致。其中塔兰帕亚国家公园、伊斯奇瓜拉斯托省立公园（又名月亮谷）和乌马瓦卡山口是最著名的游山去处。前两个景点都是联合国教科文组织宣布的人类自然遗产，后者则是该组织宣布的人类文化景观。

塔兰帕亚国家公园占地21.5万公顷，位于拉里奥哈省南部。那里微红色细砂岩构成的绝壁连成一片，就像上苍刀削斧砍而成，夕阳余晖下好似一道燃烧的火墙耀

人眼目。风雨侵蚀下山岩溶就无数褶皱，人们自山口击掌或呼喊最多能听到七道回声。暮色中平地孑立的“朝圣三仙人”、“大主教”、“骆驼”、“躺倒的象”等象形巨石为山口增添了神秘的意境。“失去的城市”就像布满街道的迷宫，是探险爱好者趋之若鹜的地方。西班牙殖民者抵达前这里就有印第安土著先民活动，古老的石磨和石雕都是重要的考古发现。

月亮谷省立公园位于圣胡安省北部。灌木杂生的半荒漠中200米高的红石山兀然屹立。强烈的红色来自土石中富含的氧化铁成分。谷地间嶙峋的怪石有的像潜水艇的炮塔，有的像巨大的蘑菇；干涸的河道中散落着土著先民人工磨成的大小石球，诉说着谜一般费解的故事；山谷就像画出来的一样色彩斑斓。这里发掘的距今2.5亿年前恐龙等古生物化石层令世人震惊。

乌马瓦卡山口地处胡胡伊省中部，沿着蜿蜒起伏的山间公路，只见乌马瓦卡峡谷就像无数座天然城堡和连绵延伸的长城，不同颜色的山岩就像条条彩带向远山飘舞而去。车行至一片开阔的

干河滩，著名的“七色山”尽收眼底。不同地质年代积淀的多种土石颜色自然地绘成了一幅硕大的山海图。红、绿、紫、黄、棕、赭、黑、白、灰等9种颜色把整个一面山拼成了绚丽的马赛克，让人不能不对这自然天成的巨作赞叹不已。峡谷中分布着乌马瓦卡等几个小镇，散落着年代久远的土坯房、小教堂。每年6月21日传统的“太阳节”是当地独特的人文景观。

Tips

**乌马瓦卡峡谷**

著名的乌马瓦卡峡谷位于阿根廷北部的胡胡伊城附近，曾是古老的印加文化传到阿根廷的通道，被称为“印加之路”。时至今日，许多印第安风俗还完整保存。峡谷的风景以多色彩的峭壁为主，走在峡谷中，陶醉于秀人的风光与神秘的历史里。被联合国教科文组织宣布为“世界文化与自然遗产”之一。

# 野生动物的天堂

## 巴尔德斯半岛

说到野生动物的世界，先要说说阿根廷的巴塔哥尼亚地区。那是一片荒凉的高原台地，一片广阔的草原，是世界上尚存不多的处女地之一。面积约50万平方公里，占全国面积的18%左右。它的西侧是安第斯山脉，东侧是大西洋，是南美三角形大陆的锥尖，地球最靠近南极的地方。前面文中写到的大冰川、巴里洛切山水、火地岛都在这一地区。巴塔哥尼亚特殊的地理位置和良好的地貌环境、

丰富的海洋饵料和藻类资源，加上人口密度低等诸多因素，使得这里成为多种野生动物大量聚集的家园。

巴尔德斯半岛面积约2.5万公顷，通过8公里的地峡与大陆连接，它两侧和附近天然形成的海湾和沙滩，以及礁石密布船迹鲜至的条件，吸引了南露脊鲸、虎鲸、海狼、海象、麦哲伦企鹅、数百种海洋鸟类来此栖息，还有原驼、美洲虎、鸸鹋、豚鼠等多种陆上动物在附近岸边活动。它们世世代代在这里居住繁衍，它们才是这片土地真正的主人。

## 巨鲸出没的海湾

巴尔德斯半岛两侧天然形成了努埃沃和圣何塞两个封闭又平静的海湾。每年5月开始，大量南露脊鲸进入这两个海湾，最多时达五六百头，据说能占这种鲸全球存量的1/10左右。在湾中它们快活又安详地逗留到12月才离开此处向北洄游。母鲸产前、生产的全过程都要在这舒适恬静的海湾中完成，产下头胎的母鲸断奶后在此再行交配，全部鲸鱼都要

在这片海域大量进食以储备丰厚的脂肪去应对更严酷的海洋拼搏。

游客们可以站在高高的岸边绝壁上远眺鲸群游弋，也可以到努埃沃湾一处仅有百名居民的皮拉米德小港登船去亲近鲸鱼。船向湾中开行10来分钟你就来到巨鲸出没的海面。这些长达18–21米、重达35吨的庞然大物，周身黑色，有的腹部白色，头面和嘴上常嵌有白色贝类寄生物。它们时而半身跃出水面落下去溅起巨大的水花，时而露出宽达5米的硕大“燕尾”，时而成双成对在船底穿梭嬉戏，近得似乎伸手就能触摸到它们。据观察统计，近些年来濒于灭绝的南露脊鲸数量有所增加，这可是动物保护和生态平衡的大好消息。

在巴尔德斯半岛的海岸还有另一种体型较小的鲸类——逆戟鲸活动，这种鲸俗名虎鲸，长8–9米，重5–9吨，背黑腹白，样子就像穿着燕尾服白衬衫的绅士。它们长着尖利的牙齿，除鱼类外还逐食海狼、海龟、企鹅，被冠以“杀手”的恶名。它跃出洋面腾空撕咬以及用鳍尾扫落岸边休憩海狼的绝招，让许多海洋动物闻风丧胆。

## 世界最大的海狼栖息地

在南大西洋生息的海狼和海象（同属海豹科），沿阿根廷巴塔哥尼亚海岸有无数个栖息地，其中最集中的则是丘布特省的巴尔德斯半岛和圣克鲁斯省的洛阿依萨山丘。南半球的夏季里，海狼和海象聚集在这里完成它们的繁育周期，在此产仔和交配。

巴尔德斯半岛东北角是观望海狼的最佳地点。最多时约1.3万只海狼聚集这里，成为世界最大的海狼栖息地。

从高高的岸边悬崖向下看，黑压压一群又一群海狼或仰面向天忘情嚎吼，或迈着八字步拖着沉重的身躯辗转腾挪，或迎着浪涛从岩石边跳上跳下。雄海狼通体深棕油光水滑，头颈上生着长长的鬃毛，威武雄壮；雌海狼颜色浅棕，显得苗条妩媚，还常有生下不久、颜色灰白的小海狼紧贴其后。一块巨石上往往只有一两头雄海狼，照看着一大群嫔妃和儿女，其他雄海狼绝不敢随便混迹其中。这就是海狼世界的严格分封。

其中数量最多的是体态较大、皮毛短疏的单毛海狼，而体态较小、口鼻较

尖、毛长且密的双毛海狼由于皮毛珍贵可制作上等裘皮成为疯狂猎杀的对象，种群数量急剧减少几近灭绝，现仅在阿巴塔哥尼亚海岸及智利南部群岛有少数栖息分布。

## 海象乐园

巴尔德斯半岛康多尔角一条长长的砂石滩是南方海象陆上繁育的唯一处所。这一世上体态最大的海豹科种群，最多时可达3000头左右。雄体长可达6.5米，重可达3.5吨；雌体长约3.5米，重达900公斤。雄海象颜色棕土生有一坨肉鼻，雌海象颜色土黄无肉鼻。从7月开始海象自海洋归来，雄海象先来岸上抢占地盘，雌海象姗姗来迟与雄海象会合、生育并交配。一头雄海象一般有三四十头雌海象侍寝。在几个月时间内，雄海象为保住领地和成群妻妾，必须与敢于挑战的勇士生死血战。两个庞然大物撕咬冲撞，震天动地，直杀得遍体鳞伤败方逃窜，是何等惨烈！

除交战状态外，你可以跟着向导沿着高高的沙丘斜行至距海象群十几二十米的地方。只要不过分喧闹刺激，象群会懒洋洋地望着你依旧我行我素。你能看到雄海象簇拥着雌海象，用桨形的前鳍轻轻拍打抚摸对方，充满浪漫温馨。也能看到有的雌海象入海捕食，撇下饥饿的象宝宝四处求奶却屡遭驱赶，嗷嗷待哺的小海象用硕大的黑眼睛巴巴地望着你，让你顿生怜悯。

Tips

**巴尔德斯半岛旅游**

从首都先乘机到丘布特省会劳森，随即乘车赶往半岛边上的马德琳港。这座秀丽的小城就是几天半岛游的大本营，游客在此下榻，出发参观半岛及附近主要景点。为了节省时间最好同朋友伙租辆车，这样专业司机会准确无误地将你带到该去的地方，而且逗留时间全凭你掌握。一般来说，每年5月–12月即南半球的冬、春季是到访此地的最佳时段。

# 麦哲伦企鹅的爱巢

## 恩爱的企鹅伉俪

我说我养过企鹅，你肯定不相信，可我确实在阿根廷邻国乌拉圭工作期间喂过一只企鹅，虽然时间不足一个月却也是一段奇特的经历。这次经验让我知道了，企鹅看起来十分温顺，骨子里却相当孤傲执拗，甚至不吃嗟来之食，特别是它落单之后。这只企鹅是使馆一位朋友从拉普拉塔河边抓到的，一定是离群迷路才误入河口。他住公寓我住院宅，这才交给我来喂养。我喂它生鱼、菜和饭，它可是气呼呼连盐水都不沾一滴。失踪过一次，又被使馆养的黑背牧羊犬半夜里找到，最后还是一去不归了。它会再下河口归流大海找到同伴吗？这还成了我放不下的一段心事。

麦哲伦企鹅比我在南极乔治王岛见到的南极企鹅稍小，身长30–40厘米，成鸟同样生着像黑燕尾服配白衫裤般的鳞状羽毛，不过黑脑袋上一圈白道，白肚皮上一圈黑道加上眼睛边一抹朱红，使它更加风度翩翩。

每到南半球的春夏季节，麦哲伦企鹅这种候鸟就会沿着多年固定路线迁徙到原来的地方，多半不会搞错。企鹅在同一个巢穴与头年同一位情侣开始又一个繁育周期。雄鸟8月末开始就来到原来穴洞，像勤劳的工匠那样重新装修房子，准备9月份喜迎雌鸟回归爱巢。交配产卵后小两口共同担负起孵化的任务。一般一年只产1至2只卵。40天后小企鹅破壳问世。2–3月份，年轻的企鹅自奔前程要在海洋中经过一年的拼搏历练，而成年企鹅则于4月份离别栖息地向巴西海岸迁徙。

## 企鹅保护园

距巴尔德斯半岛约100公里的托姆波角保护地就是麦哲伦企鹅最大的栖息地。在这片48公顷的海岸上，最多时有250

万只企鹅聚居。从海岸边一眼望去，沙滩和山坡上，漫山遍野都是企鹅的身影。穿黑大衣的是成年企鹅，棕色的是年轻企鹅，就好像在召开群众大会。它们排成一队蹒跚扭行，有些跳下海去捕食，有些满载而归直奔巢穴，也有不少在空场上晒太阳。或仰天啼鸣，或梳理羽毛，或闭目养神，或匍匐蹭痒。游人稍一靠近，就警觉地发出预警。有家室的企鹅忙着叼枝衔草，为爱巢絮窝改建。沿岸沙滩和灌木丛下，能看到在砂石土层中一个个企鹅的爱巢，成双成对的情侣在交颈亲昵或正在轮替孵卵。偶尔你能看到一只斗败铩羽的企鹅，头颈上血迹斑斑，仍然伫立在别人的洞房之外，表达着自己对爱的坚贞。

托姆波企鹅园设有保护区管理站，规定游人沿铝制栏网内的固定线路参观，沿途立有“严禁触摸企鹅”的警示牌。这些严格的管理措施是为了尽可能地为这些人类的朋友提供自然舒适的生活环境。

*Tips*

**观鸟**

半岛圣何塞湾内的鸟岛和巴塔哥尼亚海岸河口，夏季时成千上万的海鸥、南方火烈鸟、鸬鹚、苍鹭及野鸭等水禽来此繁育，也是诱人的旅游看点。为了不惊扰鸟群，人们只能从远处观赏不能登岛。

（陆海天 摄）

4

We all live on the same planet

# 人文风俗

# 烤肉飘香话丰腴

烤牛肉

## 好吃不过烤肉

烤牛肉、饮葡萄酒和马黛茶是阿根廷饮食文化的三大特征，也是高乔人的传统习俗。

在阿根廷说起最好吃的食物绝对是烤肉，就像中国俗话说“好吃不过饺子”一样。不论是富贵还是穷苦人家，一样以烤肉为最爱。烤肉也是阿根廷人宴请最经常的佳肴，豪爽的主人有时会在自己庄园架起排排烤架，请专门的师傅用木炭红红火火地烤上一两头牛让众多宾客大快朵颐。据说阿根廷官方曾举行过千人以上的烤肉盛宴，你想那会吃掉多少头牛？在草原上架火烤肉，人们一道聚拢来大块吃肉大杯喝酒，再好不过显现了阿根廷人祖先高乔人的遗风和这个“牛背上的国家”的独特风貌。

我第一次吃阿根廷烤肉是1974年随武汉杂技团到阿访演时。接待方请全团去农场品尝烤肉，看到主人用大托盘把经烟熏火燎烤得滋喇喇响的大块牛肉送到面前，特别是下刀一切肉中还带血，不少女演员吓得摇头咋舌，无缘消受，男士们也只能拣烤焦的小块吃上两口。而主人们从容地从靴筒抽出自备的利刀，切开半生的牛肉美滋滋地大嚼大啖，让人感到十分惊异和新鲜。入乡随俗，后来与阿根廷人相处多了，大家慢慢也吃出

些门道，使馆里聚餐常选择烤肉，小伙子们一星期没吃烤肉还真想得慌，周末总要在院内烤上一顿解馋。

## 牛肉闻名全球

阿根廷烤肉主要是烤牛肉。要知道阿根廷人吃牛肉可是全球有名的，牛肉不是菜而是他们的主食。阿根廷牛存栏数达5500万头，人均1.4头；阿根廷牛肉出口量始终在世界前五名之内；而阿牛肉生产的85%全被国人消费，人均年消费量曾达80–90公斤，世界领先。饕餮肉类反映出阿国民的富足，近些年来因经济困难加上更注意食品保健，阿人均牛肉消费量已锐减至60多公斤，但仍不失为牛肉消费的大国。

阿根廷烤肉讲究的是新鲜、大块和原味。创办于1901年的利涅尔斯活牛市场每天向首都提供1万至2万头活牛，有380家屠宰场在此选购活牛，屠宰量占全国的三分之一以上。小牛一般养足10个月，体重达190公斤正是上市佳期，其时肉质最鲜嫩、出肉率最高；烤肉片料事先加工好在超市新鲜上架，如手掌大小，大约2–3厘米厚，每片约重半斤。按阿根廷人口味，肉片小了烤出来过于焦干，吃不出牛肉的原汁原味。肉烤到七八成熟，外焦里嫩，下刀微见血汁，这才正是火候。牛肉烤前不加任何作料腌制，不失鲜肉的纯香。至于质量，阿根廷牛肉绝对是

肉中上品，虽不似日本牛肉那般肥嫩，烤肉效果却比之更优。在南美就连巴西烤肉也常选用阿根廷牛肉道理就在这里。

烤肉以牛里脊为佳，最名贵的是称为“腰窝”的部位，因量少价高，多用来敬献贵宾。此外五花肉也是上选部位。就我个人来说，最爱吃称为肋间肉排部位，因为它肥瘦相间，烤出来肉有咬劲且焦香爽口。在乡间庄园，主人有时现宰活牛用带毛皮的烤肉犒敬客人，这就更是高乔人的食俗了。

旅游者来阿根廷品尝烤肉应去专

**Tips**

**阿根廷美食**

当地人以肉类为主食，但也有各类蔬菜饭店里提供的主要是西式餐饮。还有不少麦当劳、比萨、炸鸡店。特别推荐自助式烤肉店，肉现烤，蔬菜自助，饮料单算。一般每人8~10比索即够。喜欢甜食的人，应品尝它的巧克力和冰淇淋，花同样的钱，会得到比北美和欧洲分量大一倍的东西。

门的烤肉店，那里用肉新鲜、口味纯正，能让你吃到地道的阿根廷烤肉，那是其他地方牛肉烤不出来的美味。除烤肉为主外，你可以和同伴伙要一盘什锦烤牛杂尝鲜，其中有小肠、腰子、血肠、牛乳房等，以烤胸腺最焦脆可口。此外也有烤羊腿、烤鸡等供客人选择。如果你嫌这些都过于生猛，也可选择烤热的面包夹上烤肠享用。店家会为每人上一碟称为奇米丘里的醋拌洋葱番茄丁，这是吃烤肉唯一的佐料。为中和油腻，你不妨单要份蔬菜沙拉爽口。吃烤肉应配饮红葡萄酒，很有开胃解腻的效果。

布宜诺斯艾利斯有3500家餐馆，知名的炭火烤肉餐厅多集中在北河沿区和马德罗港一带。

## 酒有别肠

### 葡萄酒最畅销

在西方国家语言中，酒类主要分为烈性酒和果酒两种，每种酒都有各自的名称。在阿根廷，红葡萄酒才是国人的最爱，其他酒类不论是烧制白酒、啤酒，还是威士忌、白兰地都算不上畅销酒。想来阿根廷人牛肉吃得多，佐餐最佳的红葡萄酒就成了餐桌上的必需。葡萄酒含酒精量仅十三四度，阿根廷人视之为日常饮料，长饮不衰。

葡萄园

阿根廷人喝葡萄酒的习惯自然来自宗主国西班牙，三次欧洲移民高潮更使意大利和法国的高超酿酒技术在当地扎根。葡萄园日照通风条件远超过欧洲葡萄酒传统大国的阿根廷，每年可生产26亿升葡萄酒，排名世界第四，人均年消费葡萄酒高达80－90公升，已经成为全球名副其实的葡萄酒酿造和消费大国。

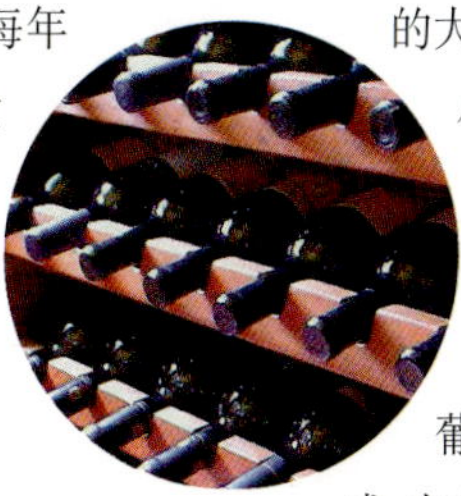

## 葡萄酒的三种喝法

阿根廷葡萄酒主要有三种喝法，一种是宴客和下饭馆点喝瓶装酒，一瓶一般是750毫升容量。可根据口味和价格选择品牌，名牌陈年佳酿（常根据当年葡萄采摘品质高低定优劣）价位可达数百美元一瓶，一般喝二三十美元一瓶的酒已相当不错。橡木桶酿造的传统欧洲风味和不锈钢桶酿造的美国风味快酒，各有受众，相得益彰。第二种是专门供家庭消费、瓶可收回的家用酒，是5升容量的大玻璃瓶装。这种酒密封不如小瓶装，正好够一家人一餐饮尽。第三种是颇受不胜酒力者和妇女欢迎名为“血红”的淡葡萄酒饮料，由红葡萄酒加水、糖和柠檬调制而成，也有再加入鲜水果丁的，盛夏喝来备感清凉爽口。此外我还尝过神甫们自酿的弥撒专用酒，口味偏淡，同样清香

葡萄酒窖

纯正，人们说他们中不乏葡萄酒的家酿大师呢。一般说来，中国人爱喝口味偏甜的葡萄酒，阿根廷和大部分西方人喜欢的则是不带甜味、纯正原味的葡萄酒，俗称干红或干白。

## 合理的饮食搭配

能大口吃肉大杯喝酒，自然显示出阿根廷人生活的富足。阿根廷民族素以强壮有力的体质著称，目前阿根廷人均寿命为72岁。我个人认为，虽然他们每天吃那么多牛肉会增加心脑血管疾病隐患，可每天喝下去的葡萄酒大概有助于高蛋白的消化和心脑血脉的疏通。阿根廷人长期沿用的饮食搭配，在一些方面自有其合理之处。

今天，中国人的餐桌上已经能品尝到美味的阿根廷葡萄酒，我女婿知道老丈人那段外交生涯，常会在家庭聚餐时开上一瓶进口的SIGNO红酒，让我在微醺中又忆起在那里度过的美好时光。阿根廷葡萄酒已成为中阿友谊的又一使者，让我们举杯共祝两个友好国家繁荣昌盛，人民幸福安康！

Tips

**阿根廷葡萄酒**

阿根廷是世界上葡萄酒的生产与消费大国。葡萄园的面积大约占全世界的3%，相当于南半球葡萄园总面积的三分之一。红葡萄酒是阿根廷最好的酒，有加本力苏维翁，梅洛红以及最著名的马尔白克葡萄品种。在白葡萄酒中，阿根廷的莎当妮品质优良，浓情干白葡萄酒也芳香无比。阿根廷亦是全世界重要的浓缩葡萄汁生产国之一。这种浓缩葡萄汁透明无色，可用以增加葡萄酒的酒精浓度。

# 马黛茶中见真情

## 南美特产

说起马黛茶，这可是南美洲南锥地区阿根廷、乌拉圭、巴拉圭和巴西南部居民的主要日常饮料。

马黛是一种南美洲特产的灌木，土著印第安人将马黛树叶碾碎成末沏水泡饮，就像中国的枣叶或苦丁等草茶，味微苦少香气。据说能助消化去油腻，解疲劳提精神。西班牙殖民者接受了这一习惯，游牧为生的高乔人更将马黛茶变成自己的主要饮料。17世纪末人们开始大面积种植马黛，使之成为这一地区居民必不可少的饮料。现代版说法称南美人牛肉吃得太多，常饮马黛茶可清除肠胃中的胆固醇积淀，不知有无科学根据。

记得1974年我随武汉杂技团到布宜诺斯艾利斯演出装台时，一位剧场舞美工人热情地送过一把马黛茶壶请我们饮茶。开始我以为是一种烟具，因为貌似一把水烟袋。后来才明白是喝一种叫马黛的茶用的。因为大家共用一个吸嘴，一时弄得我们颇为尴尬顾虑是否卫生。可人家是诚心诚意，视你如兄弟朋友。我想这大概像我国北方农村转圈敬烟袋一样，是一种厚待的表示。却之不恭，我们一个个都对嘴尝尝。这是我第一次喝马黛茶。尽管马黛茶的清苦滋味我并不习惯，可阿根廷人诚挚热情的性格却让我格外感动。

## 全套专用家什

喝马黛茶需要一套家什作茶具，包括一把马黛茶壶、一个喝茶的吸嘴，当然还需常备一个暖水瓶。为适应游牧生活的需要，茶具要小且便于携带。茶壶多用干葫芦做成，颈口处要略大以便插入吸嘴，马黛茶末倒入壶中即可冲沏。为显示饮者身份，讲究者往往在葫芦外表刻上或烙上图纹，包上编制皮套或嵌上雕刻的银托，也有直接用彩瓷或木钵做壶的。吸嘴则是茶具中关键部件，它一头为吸管，另一头为中空的椭圆形小球，表面钻有许多小孔，起过滤茶末的作用。吸嘴原多用中空的植物秆来做，现多用铜管或包银管打制。暖水瓶用来随时续水，葫芦茶壶容量有限，只能增加添水频率才能够喝，所以水瓶自不可或缺。我曾见过有人使用银制外壳的暖水瓶，加上带提手的豪华皮套，本身就是一套耀眼的行头。

Tips

**马黛茶节**

每年11月第二周马黛茶节，是阿根廷全国性的节日。节日里，在首都街头可以看到许多身着盛装的少年男女向行人赠送小盒包装的马黛茶，人们以游行、聚餐、宴会、民族舞会等形式来欢度节日。

在阿根廷手工艺品商店和许多地方的博物馆内，都会看到一件件精雕细刻或历史久远的马黛茶具精品。阿根廷人也常用马黛茶具作为馈赠朋友的礼品，马黛茶文化以其与众不同的特点享誉世界。

## 热茶表真情

在布宜诺斯艾利斯的花园、街头信步，常会看到一些中老年人端着大概还是祖传的马黛茶壶，胳膊夹着小暖瓶，在暖洋洋的日光下、和煦的微风中，悠闲惬意地品味着他们毕生不离的马黛茶；出租车司机在汽车疾驶中从容地从马黛茶壶中吮吸几口马黛茶水；就连富甲天下的大亨也难舍这似与现代生活不搭界的“土气”习俗，以饮马黛为荣耀。阿根廷人提起马黛茶常说：“热茶表真情。”马黛茶世世代代滋养着阿根廷民族，也作为亲情和友谊的象征深深融入阿根廷人的血液中。

# 爱过节的国家

## 丰富多彩的节日风情

像不少国家一样，阿根廷也是个爱过节的国家，一年下来全国各地节日活动名目繁多丰富多彩。我在阿根廷任职期间，遇到前后搭桥时近半月的节日长假，有急事却找不到人联系工作，真急得你抓耳挠腮没着没落，也算一种有趣的经历。作为旅游者，通过节庆贴近当地人民的生活正是真实深入了解这个国家的最好机会。

阿根廷有十来个法定节日，除了与国家重大历史事件相关的政治节日，如国庆节（5月25日）、独立节（7月9日）、国旗节（6月20日）和马尔维纳斯群岛日（6月10日）以及社会节日外，西方传统节日圣诞节、复活节、情人节、母亲节、父亲节、愚人节也是阿根廷人的重要节日。由于阿

地处南半球，季节正好相反，盛夏时圣诞老人穿冬装驾雪橇的形象总显不伦不类不合时宜。9月4日移民节则是阿根廷这个典型移民国家的重大节日，是日，各侨团代表聚会歌舞，推销风味小吃，象征着全国各族裔的团结统一。

## 与大地的亲缘

阿根廷是个农牧大国，许多节日以农牧生产为渊缘。每年2月末至3月中国家葡萄节在盛产葡萄和葡萄酒的门多萨举行，从众多美女中遴选出葡萄女王乘花车游行、在宏伟的山谷剧场中数万观众观看盛大演出，与葡萄和葡萄酒相关的评比颁奖活动轮番举行。我于1974年曾有幸亲临当年的葡萄节盛会，第一次见到阿根廷人如此豪饮葡萄酒，新奇的感觉至今难忘。每年小麦收割时历时近月的小麦节隆重举行，节庆之余小麦种植的评奖和技术交流同时展开。此外，玉米节、烟草节、种子节、马黛茶节、鲜花节、苹果节、柠檬节、乳酪节、啤酒节、巧克力节、西班牙烩饭节、烤包子节、玉米粽子节，你方过罢我登场，真是无不成节，好不热闹。这些喜庆丰收、祈求年丰的民间节日，都散发着浓郁的乡土气息，表现出阿根廷人与大地和牧场的不解亲缘。

第六届国际文身展在布宜诺斯艾利斯举行

## 浓郁的地域文化特色

阿根廷不少节日与民族文化相关。每年11月10日高乔史诗《马丁·菲耶罗》作者埃尔南德斯忌日这天，是阿根廷的“传统日”。全国各地，特别是高乔之乡阿莱科城，人们按照高乔人的习俗热烈庆祝这一民族的节日，显示阿根廷人对高乔传统的自豪和传承。12月11日“探戈王”卡尔德尔的诞辰，是全国“探戈日”。各地纷纷举办探戈比赛和纪念活动，表达对探戈艺术和大师的热爱和崇尚。1月中旬在中部小城克斯金举行的民间艺术节吸引国内外的民间艺术家参演，受到广大观众的欢迎。

地处西北的图库曼受安第斯印第安土著文化和基督教的影响，每年2月连续3天举行帕恰妈妈（印第安语大地母亲之意）节。村民们用印第安语齐喊：“大地母亲救我！”为苍生祈福。从老妪中选出的帕恰妈妈乘花车巡游，人们互赠花环载歌载舞。原始的土著文化风情吸引大批游客前往。地处东部乌拉圭河的瓜莱瓜

伊丘受巴西黑人文化影响于3月份举行狂欢节，桑巴舞扭出“小里约”的一道风景。旅游胜地巴里洛切8月隆冬举行的冰雪节是阿南方最盛大的节日。

游览阿根廷的日程如果恰逢其传统节日，那你一定会大开眼界、大饱眼福，更多地领略到当地的风土人情。

**主要节假日**

| | |
|---|---|
| 1月1日 | 新年 |
| 5月1日 | 劳动节 |
| 5月25日 | 国庆节 |
| 6月20日 | 国旗节 |
| 7月9日 | 独立日 |
| 8月17日 | 国父逝世纪念日 |
| 9月4日 | 移民节 |
| 10月12日 | 哥伦布纪念日 |
| 11月10日 | 传统日 |
| 12月11日 | 探戈日 |
| 12月25日 | 圣诞节 |
| 每年的2月22日到3月9日 | 葡萄节 |

# 特色购物选择多

## 精美的皮革制品

离开阿根廷时买点什么好呢？虽然购物总是见仁见智各有所爱，可挑选些有特色的物品恐怕是大家的共识。

阿根廷是世界重要的皮革生产出口国，那里的皮革制品历史悠久、工艺考究，特别是精品店生产的皮褛、皮夹克、皮鞋及皮带，式样时尚，皮质柔软，自然价格也不菲。皮革箱包样式繁多经久耐用，也颇受顾客青睐。貂、狐、水旱獭裘皮大衣、围脖及皮帽做工上乘，价格远低于欧洲北美。作为稀罕品种，限量宰杀的海狼毛皮大衣有时也有出售，皮色油光水滑，价格并不太贵。此外，整张原色牛皮熟成的地毯，羊皮制成的沙发垫，还有羊毛织成的安第斯印第安人披风——“蓬袭”，均各具特色。

## 游牧风格的手工艺品

说起阿根廷的特色手工艺品，那可是琳琅满目美不胜收。其中首推与历史文化密切关联的商品：高乔人的典型服饰——毡帽、围巾、镶银的皮带、带马刺的皮靴，以及骑乘行头——铁饰鞍辔、马蹬、皮鞭等；吃烤肉的钢制镂雕刀叉餐具；饮马黛的包铜或包皮葫芦茶壶和铜制吸嘴；牛角挂件、摆件和牛皮水壶。这些手工艺品具有鲜明的高乔游牧风格，是阿根廷的典型旅游产品。

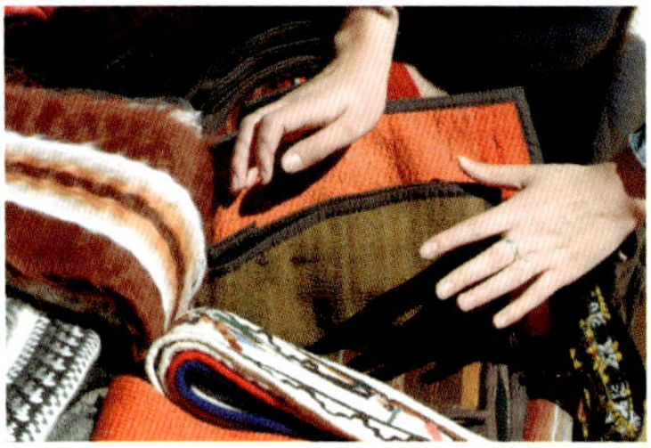

我着力向你推荐的则是阿根廷特产栲木雕成的木工艺品，它肯定会成为你个人收藏中的佳品。栲木是一种材质坚硬致密的暗红色硬木，可用作船橹和轮轴。树皮富含鞣酸，提取的栲胶(即单宁)是鞣制皮革的重要原料。拥有世界最大栲胶资源的阿根廷每年栲胶生产的80%销往国外，中国也是重要的出口国之一。当地印第安土著将栲木称作“锛斧木”，形容它硬得能让钢斧锛刃。据说生长70年的栲木树径仅30多厘米，比重达1.25，入水即沉。这些特点自然使栲木制品弥足珍贵了。匠人常取高乔人或动物形象雕刻作品，有些还特地留树皮为底，衬上原木本色更显得浑朴厚重。其中大师作品自然身价倍增。

## 名人纪念品

以阿根廷出生的拉美著名革命家切·格瓦拉头像为图案的圆领衫、球王马拉多纳的10号蓝白条纹球衣、“贫苦人的女神”庇隆总统夫人艾娃的黑白老照片、布市标志方尖碑模型也都是人们争相购买的纪念品。记得当年我为年少的侄儿外甥买了好几件10号童球衣，鹅毛小礼却把这些马拉多纳的小球迷乐得屁颠屁颠的！

不管是不是发烧友，买几盘探戈影碟或探戈之王卡尔德尔歌曲专辑的CD盘，返国后自己欣赏或馈赠友人，均意义不凡。介绍阿根廷著名景点的精美影碟、画册和明信片也是阿根廷之旅的美

好纪念。

当然从世界闻名的葡萄酒之乡归来，带上一两瓶阿根廷当地生产的佳酿好酒，无疑是你回家宴客或赠友的上选。

Tips

**特色皮货街**

布宜诺斯艾利斯市的慕里香街，由于皮货商品集中、价格好，逐渐成为首都新的旅游网点。目前，这里约有共45家商店，其中30家已有10年以上的历史，吸引着来自阿根廷全国各地的游客。商品从钱包、皮包、皮衣到皮鞋，所有的皮制品一应俱全。慕里香街吸引顾客的关键之一就是颜色和款式的多样化，且很多商店本身就是工厂，可以根据客人的要求立即加工修改。有的客人甚至只需出示照片，店家就能复制出类似的款式。

附录

# 探险爱好者的乐园

如果你喜爱大自然，钟情探险的话，那么，阿根廷就是你梦想成真的乐园。在雪山，在峡谷，在激流，在草原，大自然强劲的脉动与人类的心跳融合为一，你将体验到无穷的乐趣。

## 航海

阿根廷拥有漫长的大西洋海岸线，吸引了来自世界各地的航海者。布宜诺斯艾利斯有著名的港口俱乐部，展示丰富的航海文化；火地岛的支流、德罗斯、马尔维纳斯群岛（福克兰岛），是海洋神话的挑战之地；对于那些想前往南极冒险的人来说，乌斯怀亚港口则是理想的出航补给站。

对于风帆爱好者而言，拉普拉塔河是一个极具挑战性的地方，水浅、浪大，还有区域性强风。另外，圣胡安峡口、萨克拉门托以及靠近大西洋的布恩塔德爱思德，也都是享受风帆活动的好地方。

## 独木舟与皮划艇

潮湿的拉潘帕与沿岸的平原河流是皮划艇或独木舟最好的舞台。位于巴拉那河流域的三角洲，密布了无数适合皮划艇和独木舟的绝佳河道。三角洲第二、第三区段的自然生态保护得较为完

善，并提供良好的旅游服务设施，增加了便利性。阿卢米内河地形非常复杂，而且在15里处还有个150米的地势落差，极具挑战。

## 越野车

挑战漫长的距离和艰险的地势是这项运动的主要关键所在。穿越普纳高原、科尔多瓦山脉、米西奥内斯森林、巴塔哥尼亚高原，这几条线路都可以让越野车爱好者感受到驾驶的乐趣。

卡塔马卡，隐藏在安第斯山脉中，唯有4*4的越野车才能成功穿越那一连串的巨大沙丘，前往偏僻的安托法加斯塔。另一个出入口则面临4900米高、直径最大的佳兰火山口。

圣吉列尔莫被联合国教科文组织世界生物圈保留区计划评鉴为黄金瘦驼最大族群栖息地，一路可以欣赏到奇特的景观。

门多萨南部是一片辽阔的沙漠。在安第斯山脉，有一条通往废弃的梭斯涅阿多温泉的沙砾旧路，另外还有条路通往欧非罗火山。

圣塔克鲁斯北边的安第斯山脉，有一条经过赛巴休斯山脚的小路，可以通到智利。夏天走这条路线，还必须克服几条湍急的河流。同时，这条路线也可以到达海湾动物保护区。

## 跳伞

在阿根廷东部平原的许多城市，都有飞行中心，其中罗伯斯市被誉为“跳伞首都”。

对于不曾尝试过飞机跳伞人而言，双人高空跳伞是最合适的选择。两人同跳，在教练的引导下，完全不用费力上课，即可领悟高空跳伞的乐趣。从4000米高处往下跳，成自由落体状态，下降的平均速度是200公里/小时；降落伞开启后，双控系统会让体验者自行操纵伞具，大概在空中飘几分钟后才降落地面。

## 冲浪

布宜诺斯艾利斯往南400公里，延伸出一条100公里长的海滩走道，此处是享誉全国的冲浪舞台，冲浪条件十分完善。

秋天是最好的冲浪季节，通常是东南飞过后，频繁的离岸风可兴起高达3米的浪潮。由于海水冰冷，建议一年四季都穿上发泡橡胶冲浪衣。

## 潜水

阿根廷海，尤其是马德林港，对于那些渴望探索海底公园及沉船遗骸的潜水爱好者而言，是他们的终极目标。科连特斯河是潜水者的最爱，布满沙子的河底，清澈可见魟鱼、乌龟、美洲西鲱、条纹鸭嘴鲶、黄金河虎等。

然而，与海潜相比，冰冷湛蓝的安第斯山脉德拉芙湖、温暖琥珀色的伊贝拉沼泽，则形成一种强烈对比。在德拉芙湖水10–25米深处，清晰可见沉寂于水下的森林。

## 登山

阿根廷拥有美洲最令人想征服的群峰，美洲12座最高的山峰，有9座在阿根廷。海拔6959米的南美第一高峰阿空加瓜山、费兹洛伊山、托雷斯峰等，都是举世闻名的高山。

阿根廷适合进行各式登山训练，让你能够运用众多攀登技能，如攀岩、攀冰、绳索垂降、高空滑降横越山谷等。

## 骑马

阿根廷的“马文化”源自史诗、神话、传统文化及民间故事。幸运的是，这文化现今仍然完好地保存在很多阿根廷克里奥略人的心中。骑马可以跑遍山林、平原、海滩，可以越过河流、小溪、斜坡，无论是单独一人还是一群人，骑马都是令人喜悦的。

# 极地冒险之旅

## Day 1

北京或上海出发,飞往巴黎转机。

## Day 2 巴黎—布宜诺斯艾利斯

上午抵达布市。

下午游览布宜诺斯艾利斯大教堂、世界三大剧院之一的科隆剧院、7月9日大道、独立纪念碑、国会广场、五月广场、总统府(玫瑰宫)。

## Day 3 布宜诺斯艾利斯—乌斯怀亚

## Day 4 乌斯怀亚登船

于傍晚时分迎着夕阳,缓缓航经美丽壮观的比格尔水道展开南极之旅。

## Day 5-Day 6 德雷克海峡和南设得兰群岛

乘风破浪,朝南航行。通过位于南美洲大陆及南极半岛间著名水道德雷克海峡。航行约600海里,将逐渐发现浮冰、冰山及海鸟、鲸。德雷克海峡海洋生物资源丰富,船上特聘专家学者们举办讲座,介绍南极的生态环境。

接近南极辐合带附近时,冷热水在此交汇,形成一片水雾,空气中也逐渐嗅出一股南极特有的清新冷空气味道。

南设得兰群岛有大群海豹、企鹅,还有巨海燕、蓝眼海鸭、海鸥等,仿佛置身于野生动物园中。

## Day 7-Day 10

接连5 天左右,将寻幽访胜。根据当地的气候状况,由以下区域中挑选出最适当地区前往:

奇幻岛,钮马雅水道,利马水道,Petermann Island岛。

极地游旅游景点示意图(吴蓉蓉绘)

## Day 10-Day 12 穿越德雷克海峡—乌斯怀亚

开始返北航行，经德雷克海峡，缓缓向乌斯怀亚推进，满载人生中最美好的一段回忆返航。

## Day 13 乌斯怀亚—布宜诺斯艾利斯

完成南极探险之旅。

## Day 14 布宜诺斯艾利斯、虎城—巴黎

游览布市北区，沿岸欣赏高级住宅区秀丽景观。至虎城，乘船畅游巴拉那河，感受优美的自然景观。

晚上乘机飞往巴黎转机回北京。

## Day 15

经巴黎转机前往北京或上海。

## Day 16

抵达北京或上海，结束此次美妙的南美之旅！

**首都经典游**

第1天　参观布宜诺斯艾利斯市的南城区，包括古董街、Dorrego公园、 Pedro Gonzales Telmo大教堂和Padelai 的故居，还可以参观博卡区。午餐后去Riachuelo河岸漫步，参观Quinquela Martín 博物馆以及著名的博卡队俱乐部纪念馆，也可以参观Maderos 港口等。如果自费去探戈秀之家，游客可边看探戈秀边品尝美味的晚餐。

第2天　早餐后前往郊外牧场，参加古农庄一日游，享受全套著名的阿根廷传统烤肉，品尝阿根廷特产葡萄酒，欣赏骑术及民俗歌舞表演。

第3天　早餐后游览布市北区，乘观光小火车，经过Lopez，Olivos，总统官邸，欣赏沿途高级住宅区秀丽景观。至虎城换乘私人游艇，畅游巴拉那河，观赏两岸旖旎风光。之后返回布宜诺斯艾利斯。

第4天　上午游览市中心和RECOLETA高级区，Lavalle广场，大法院，Alvear大道，Quintana大道，游览Pilar教堂，Recoleta文化中心，壮观的名人墓地。下午前往机场搭乘国际航班离开。

**本线路由中国通用旅游网提供**

图书在版编目(CIP)数据

激情探戈——阿根廷/张沙鹰著. -上海:上海锦绣文章出版社,2013.4重版
(外交官带你看世界)ISBN 978-7-5452-0630-2
Ⅰ. ①激… Ⅱ. ①张… Ⅲ. ①阿根廷-概况 Ⅳ.①K978.3
中国版本图书馆CIP数据核字(2010)第076745号

出品人　何承伟
责任编辑　杨　婷
特约审读　王瑞祥
整体设计　周艳梅
图文制作　周艳梅
督　　印　张　凯

书　　名　激情探戈——阿根廷
著　　者　张沙鹰
出　　版　上海锦绣文章出版社·上海故事会文化传媒有限公司
发　　行　上海文艺出版(集团)有限公司
电话:021-60878676
021-60878682
传真:021-60878662
地址:上海打浦路443号荣科大厦1501室
电子邮箱:wyfx2088@163.com
邮编:200032
印　　刷　上海中华商务联合印刷有限公司
版　　次　2010年7月第1版　2013年4月第2版第1次印刷
规　　格　889×1194
印　　数　5001~8200
书　　号　ISBN 978-7-5452-0630-2/K·211
定　　价　29.00元